区域协调发展机制研究系列

温雪 著

中国西部城镇化与城乡收入差距的关系研究

ZHONGGUO XIBU CHENGZHENHUA YU CHENGXIANG SHOURU CHAJU DE GUANXI YANJIU

Southwestern University of Finance & Economics Press
西南财经大学出版社

图书在版编目(CIP)数据

中国西部城镇化与城乡收入差距的关系研究/温雪著．—成都:西南财经大学出版社,2019.5
ISBN 978-7-5504-3852-1

Ⅰ.①中…　Ⅱ.①温…　Ⅲ.①城市化—影响—居民收入—城乡差别—研究—中国　Ⅳ.①F126.2

中国版本图书馆 CIP 数据核字(2018)第 271241 号

中国西部城镇化与城乡收入差距的关系研究

温雪　著

责任编辑:杨婧颖
助理编辑:雷静
封面设计:穆志坚　张姗姗
责任印制:朱曼丽

出版发行	西南财经大学出版社(四川省成都市光华村街 55 号)
网　　址	http://www.bookcj.com
电子邮件	bookcj@foxmail.com
邮政编码	610074
电　　话	028-87353785
照　　排	四川胜翔数码印务设计有限公司
印　　刷	郫县犀浦印刷厂
成品尺寸	148mm×210mm
印　　张	8.25
字　　数	207 千字
版　　次	2019 年 5 月第 1 版
印　　次	2019 年 5 月第 1 次印刷
书　　号	ISBN 978-7-5504-3852-1
定　　价	58.00 元

摘要

改革开放后，在以经济建设为中心的战略思想指导下，我国工业化与城镇化进程快速推进，经济社会现代化建设取得了举世瞩目的伟大成就。截至2016年年底，全国城镇化率达到57.35%，为改革开放初期17.92%的三倍多，城乡居民收入水平也有明显提升。与此同时，城乡居民收入差距却呈现出不断震荡攀升的趋势，2016年我国城乡居民收入比值高达2.72。随着收入差距的日益扩大，“效率”与“公平”的选择再次成为实务界和学术界广泛关注的重要问题。长远来看，城乡收入差距的日益扩大不仅不利于社会的和谐稳定，不利于国民经济持续健康发展，不利于全面建成小康社会，而且会对中国梦的实现和中华民族的伟大复兴产生重大负面影响。客观分析我国城乡居民收入差距演变态势与主要制约因素，系统探索有效缩小城乡收入差距的基本途径与制度安排，对于全面促进国民经济与社会可持续发展、逐步实现城乡区域协调发展、维护社会和谐稳定具有重要的理论意义与实践价值。

西部地区是我国推进城镇化进程和缩小收入差距不可或缺的重要组成部分。改革开放后，国家对东部地区的政策偏向使得西部地区的经济社会发展水平逐渐与东部拉开了差距，西部地区城镇化水平大大落后于全国平均水平，城镇化发展质量也远远不及东部地区。1999年，具有全局意义的重大战略性政策调整——西部大开发战略确立并开始实施。西部大开发战略在推进西部城镇化建设、完善基础设施、调整经济结构、加强民族团结、维护社会稳定和缩小收入差距等方面取得了重大进展。西部大开发战略实施前，西部地区1999年的城镇化率为22.5%，与当年全国平均值30.9%相比，相去甚远，也不及同期世界平均水平的一半；西部大开发战略实施后，西部城镇化率不断提升，西部城乡收入差距经历了先震荡上升后下降的趋势。截至2016年年底，西部平均城镇化率达到51.51%，仍低于全国平均水平，而城乡收入比值达2.92，高于全国平均值。西部城镇化发展缓慢与城乡收入差距巨大已经成为制约西部经济社会持续健康发展的重大症结。由于城镇化发展的滞后，西部城镇化进程推进还面临着制度安排缺陷、城镇结构失衡、基础设施落后、发展质量低下等问题。这些问题使得其集聚效应和扩散效应并不十分明显，城镇对农村的辐射带动作用受限，城乡二元经济社会结构问题难以得到有效缓解，这使得西部城乡收入差距长期高于全国平均水平，城镇化水平远远低于全国平均水平，由此给深入实施第二轮西部大开发战略、全面推进西部地区经济社会可持续发展带来了严峻挑战。

在城镇化的过程中，大量的农村劳动力进入城镇，国内外学者对此进行了大量的研究，部分认为城镇化会缩小城乡收入差距，也有学者提出质疑。城镇化通过哪些途径影响城乡收入差距？就西部地区而言，城乡居民收入差距将会如何变动？本书以“中国西部城镇化与城乡收入差距的关系研究”为选题，就这些问题进行了分析。全书分为十章：第一章导论包括选题的背景及意义、研究思路与方法等；第二章系统梳理了国内外城镇化与城乡收入差距的理论基础与文献综述，包括概念、内涵与衡量标准等；第三章分析了国内外城镇化与城乡收入差距的发展历程，总结了其发展规律与特点，得出了经验与启示；第四章分析了我国与西部城镇化与城乡收入差距的发展历程与发展问题；第五章提出了城镇化的动力机制，以及城镇化与经济增长、城乡收入差距的关系与影响途径；第六章运用西部1995—2016年的数据实证检验了西部城镇化对城乡收入差距的影响，得出了推进西部城镇化有利于缩小城乡居民收入差距的结论；第七章提出了推进西部新型城镇化与缩小城乡收入差距的战略构想；第八章分别提出了针对西部城镇、农村、城乡统筹和缩小城乡收入差距的制度安排；第九章提出了推进西部新型城镇化与缩小城乡收入差距的战略途径；第十章总结了本研究的主要结论，提出了对未来的展望。

在上述思路和框架下，笔者以国外城镇化与缩小城乡收入差距的理论与文献为基础，以西部城镇化与城乡收入差距的走势与问题为主线，以西部城镇化与城乡收入差距的关系为核心，以推进西部新型城镇化、缩小城乡收入分配差距为目标，经过系统化的理论探讨、全面性的数据分析和逐层深入的实证检验，得出如下主要结论：

第一，国外在城镇化进程中也经历了城镇与乡村收入差距扩大的阶段，最终它们实现了较高质量的城镇化和较小的城乡收入差距并存的目标。国外的城镇化推进给我们提供的经验有：一是城镇化推进要以工业发展和产业集聚为支撑；二是政府应制定完善的公共干预政策；三是应建立合理的城镇体系。美国、日本、韩国等发达国家在城镇化进程中积累了丰富的缩小城乡收入差距的经验，这些发达国家在缩小城乡收入差距方面的政策导向均是以维护农民利益、维持城乡收入平衡为出发点，具体的措施包括增加财政对农业的支持力度尤其是对农村基础设施建设的投入、提升人力资本、建设服务型政府及对农产品价格的支持和直接补贴等，为缩小西部城乡居民收入差距提供了重要的经验与启示。

第二，改革开放后，西部城镇化发展有所加快，然而增长速度长期落后于全国平均水平。西部大开发战略实施后，西部城镇化速度有所提升，城镇面貌有了巨大变化，也带动了经济社会的全面发展。西部城镇化从数量上有了较大提升，但城镇化质量仍亟待提高，西部城镇化仍存在着制度安排不完善、城镇结构体系失衡、特色资源开发不足、产业发展落后、农民工市民化进程缓慢等问题。在国家“一带一路”倡议的背景下，西部地区如何把握机遇、推进西部新型城镇化又好又快发展成为摆在西部各级地方政府面前的重要课题。

第三，1995 年以来，国家实施了一系列支持西部地区经济发展的优惠政策，这些政策使得西部的经济社会取得了突飞猛进的发展。西部城乡收入差距也受到了较大影响，西部城乡收入差距总体上经历了由震荡攀升到缓慢下降的走势。西部大开发战略实施初期，由于政策原因城乡二元结构矛盾愈加突出，使得城乡经济发展极不平衡，城乡收入差距迅速扩大。2010 年是西部大开发实施以来的第二个十年，国家在这个关键的时期实施了战略转型，转型后更注重城乡经济的协调发展。近年来，由于更加强调城镇对乡村的带动作用，城乡互动明显，城乡收入差距逐步缩小。但西部城乡收入差距的缩小仍面临着国家战略层面问题以及财政转移支付力度较弱、农村人力资本水平低下、农业发展缓慢、民族地区与贫困地区发展封闭等问题。

第四，农业、工业和服务业作为三种最基本的要素推动了城镇化的发展。城镇化从促进农业现代化、刺激工业品的需求、促进服务业壮大和带动区域经济发展四个途径促进经济增长。通过建立数学模型，笔者发现区域内部和跨区域的农村人口向城镇流动均有助于城乡收入差距的缩小。城镇化从四个方面影响城乡收入差距：一是创造就业机会，提高农民的收入；二是促进农业的规模化和产业化，增加农村居民的收入；三是促进乡镇企业发展，为农民增收提供源源不断的动力；四是有助于推动农民工市民化，可以通过循环累积效应反过来推动城镇化发展。

第五，笔者通过分析西部地区12个省份1995—2016年的数据对库兹涅茨倒U型曲线进行验证，发现西部收入差距与人均GDP拟合曲线在数学意义上具有库兹涅茨曲线的特征，表现出二次函数的先上升后下降的趋势。虽然西部各省份的拐点不尽相同，但目前而言，西部各省份均已经进入库兹涅茨倒U型曲线的拐点之后的收入差距下降趋势阶段。

第六，笔者通过运用西部地区1995—2016年的面板数据对城镇化与城乡收入差距进行实证检验，发现西部地区城镇化推进对城乡收入差距具有负向作用，推进西部新型城镇化进程可以有效缩小城乡收入差距。同时，西部大开发其他政策的转变对城乡收入差距也有着重要的影响，增加农村转移支付、提高居民消费水平、降低失业率也有利于缩小西部城乡收入差距。

第七，要推进西部新型城镇化与缩小城乡收入差距，我们必须从西部现实情况出发，遵循其客观发展规律，探索具有西部特色的发展道路，推进西部地区经济实力和人民生活水平迈上新台阶。西部地区新型城镇化推进应以调整战略转型为先导，以构建多中心—外围的城镇体系为基础，以加强小城镇建设为载体，以工业反哺农业和农业现代化为依托，以健全的立法和完善的制度为保障，以城乡统筹和进一步缩小城乡收入差距为目标，着力调整城乡收入分配格局。从城镇、乡村、城乡统筹和缩小城乡收入差距四个方面加强制度安排，加强特色资源开发、促进特色产业发展、构建特色城镇化体系、推进农业现代化和加快民族地区与贫困地区发展等来推进西部新型城镇化建设，缩小城乡收入差距。

本书的主要创新之处在于：一是研究视角的创新。笔者运用多学科知识在同一研究问题上的交叉和融合，有助于更全面、更系统地认识西部城镇化与城乡收入差距的关系。二是研究内容创新。由于现有关于两者关系的研究大部分基于全国视角，对欠发达的西部地区的分析相对薄弱，笔者力图弥补这一不足。三是研究方法创新。笔者通过建立数学模型和理论模型，深入探讨了两者的影响机理和作用途径。四是研究结论创新。笔者有针对性地提出了推进西部地区新型城镇化与缩小城乡收入差距的战略构想、制度安排与战略途径。

本研究在系统梳理国外推进城镇化和缩小城乡收入差距的经验教训后，综合使用了多种研究方法和多种分析工具，立体、动态地考察了中国西部城镇化与城乡收入差距的发展历史、现状和问题，提出了城镇化对城乡收入差距的影响机制，并运用历史数据验证得出了西部地区城乡收入差距与经济增长之间具有库兹涅茨倒U型曲线的关系，通过实证研究发现推进西部城镇化有利于缩小城乡收入差距。在实证结果的基础上，笔者提出了推进西部新型城镇化与缩小城乡收入差距的战略构想、制度安排与战略途径。

关键词：中国西部　城镇化　城乡收入差距　战略框架　制度安排

目　录

1 导论

1.1 选题背景与意义

1.1.1 研究背景

世界银行前首席经济学家、副行长、诺贝尔经济学奖获得者约瑟夫·斯蒂格利茨（Joseph Stiglitz）曾预言：“21 世纪影响人类社会进程的最主要的两件大事是，一美国的新技术革命，二中国的城镇化。”城镇化道路的抉择是否正确正在成为影响我国现代化建设是否成功和经济是否持续增长的核心命题。作为一场深刻、全面的社会变革，中国的新型城镇化推进有着重要的战略意义，为使新型城镇化能有序开展且稳步推进，我们必须探寻有效的改革方法与实现路径。

1978 年以来，我国城镇化进程发展迅速，平均每年增长约 1%，截至 2016 年年底，我国城镇化水平已经从 1978 年的 17.92%迅速上升到 57.35%，标志着我国从农业大国进入以工业化和城镇化为主的历史新阶段。我们用几十年的时间走过了西方发达国家几百年走过的历程，用占世界 7%的土地养活了全球 22%的人口，综合国力明显增强，国际影响力显著提升，成为仅次于美国的全球第二大经济体。2008 年国际金融危机以来，我国经济发展健康良好，对世界经济的稳定起着非常重要的作用，以中国为代表的新兴经济体成为世界经济增长的主导力量。伴随着城镇化与工业化进程的加快，我国经济增长取得了举世瞩目的伟大成就，尽管如此，我国离发达国家70%以上的城镇化水平仍有较大差距，仍处于城镇化的中期阶段。随着我国经济的快速增长，人民生活水平不断提高，我国的城乡居民收入差距总体呈不断上升的趋势，城乡居民收入比值从改革开放初期的2.56攀升到2009年的3.33，虽然2016年下降到2.72，但城乡居民绝对收入差距仍达到21 263元左右，是全国农村人均收入的两倍左右。城乡居民收入差距不断上升的态势已经成为我国经济健康可持续发展和现代化建设的严峻挑战，中国已经成为世界上收入不平等最为严重的国家之一。

在国际秩序发生深刻变化、我国经济进入新常态的发展背景下，中共中央提出了“一带一路”，为西部地区发展打开了一扇机遇的大门。新时期，西部地区如何抓住机遇迎接挑战成为摆在西部各级政府面前的重要课题。作为中国经济发展格局战略性调整的重大决策，西部大开发自1999年提出以来已经进入第十九个年头，西部大开发战略在推进城镇化进程、改善基础设施、发展经济社会、加强民族团结、维护社会稳定、缩小收入差距等方面取得了重大进展。但由于制度安排缺陷、经济基础薄弱和政策改革的滞后，西部地区①的收入分配差距日益严重，消极影响不断显现，成为阻碍西部地区经济社会整体进步的重大制约。系统分析西部地区城镇化与城乡收入差距发展历程、特点与问题，冷静判断西部地区城乡收入分配不平等状态和影响收入分配差距扩大的原因，科学提出第二轮西部大开发政策调整方向和有效的收入分配改革措施，对进一步缩

① 本书西部地区指：广西、重庆、四川、贵州、云南、西藏、陕西、甘肃、青海、宁夏、新疆、内蒙古十二个省、市、自治区。

小西部地区城乡居民收入差距，促进社会和谐与稳定，提高西部大开发战略质量与效益都有着重大的理论意义和实践价值。

1.1.2 研究意义

本研究旨在通过系统梳理中国西部城镇化与城乡收入差距的发展历程、特点与问题，分析城镇化对城乡收入差距的影响机制与途径，研究两者在西部地区的关系，提出推进西部新型城镇化与缩小城乡收入差距的战略构想、制度安排与战略途径。

本书的理论意义在于：本研究从中国西部地区城镇化与收入差距的关系出发，系统梳理国内外相关的文献理论，比较了国内外缩小收入分配差距的模式，总结经验教训，试图探索一条适应新时期西部地区城乡收入公平分配的制度创新机制与政策调整道路，推进缩小城乡居民收入分配差距的战略与理论研究的深化。此外，本书在总结及发展前人关于城镇化与经济增长关系的基础上，探索性地提出了城镇化对城乡收入差距的作用机理，通过数学模型和理论模型证明了城镇化有助于城乡收入差距的缩小，进一步深入揭示了两者的影响机制和途径，有利于认识其本质关系，为两者关系的研究提供了进一步的理论支持。

本书的实践意义在于：西部地区城镇化发展滞后与城乡收入差距巨大是当前西部经济社会发展面临的重要问题。本书努力探索西部地区城乡收入分配差距扩大的态势与存在的问题，发现西部地区仍存在着制度安排缺陷、城镇结构体系失衡、特色资源开发不足、产业发展落后、农民工市民化进程缓慢等发展问题，而实证研究发现城镇化的推进有利于西部城乡收入差距的缩小。因此，本书根据西部的自然地理环境和资源优势，提出了如下战略路线：以调整战略转型为先导，以构建多中心—外围的城镇体系为基础，以加强小城镇建设为载体，以工业反哺农业和农业现代化为依托，以健全的立法和完善的制度为保障，以城乡统筹和进一步缩小城乡收入差距为目标，着力调整西部城乡收入分配问题，合理引导，扎实推进，形成城乡经济协调发展的格局。分别提出了城镇、乡村、城乡统筹发展和缩小城乡收入差距的制度安排，以及大众创业、万众创新，以城带乡、以工促农和优势产业带动的战略模式，探索了推进西部新型城镇化与缩小城乡收入分配差距的方式途径，为政府决策提供可操作的政策建议。

本书的政治意义在于：西部地区作为我国经济社会发展的落后地区，是我国城镇化水平最低、城乡居民收入差距最大的区域，这里民族种类最多，民族人口分布最集中，也是我国社会稳定压力最重的地区。全面认识西部地区城镇化与城乡收入差距的发展态势，冷静分析西部地区发展面临的严峻态势，探索推进西部地区新型城镇化和缩小收入分配差距的战略与制度安排，完善社会稳定的机制，对于促进社会公平、城乡经济协调发展，有效遏制不稳定因素，积极化解社会冲突，科学推进西部地区经济发展，实现社会安定、民族和谐稳定与维护国家安全均具有重要的政治意义。

1.2　研究思路与框架

1.2.1　研究思路

本书以国外城镇化推进与城乡收入差距缩小的理论与文献为基础，以西部地区城镇化与城乡收入差距的走势与问题为主线，以二者的关系为核心，以推进西部地区新型城镇化、缩小城乡收入分配差距为目标，经由系统化的理论探讨、全面性的数据分析和逐层深入的实证检验，得出两者的关系并进一步提出政策建议。本书的基本研究思路是：

首先，对国内外文献资料进行系统的梳理，包括城镇化与收入差距的概念、内涵与衡量。然后从国外城镇化的起源出发，分阶段描述了国外城镇化发展历程，分析了国外城镇化发展的基本规律，总结了国外城镇化道路的经验与教训，并得出对我国推进西部新型城镇化的启示。同时，本书对国外城镇化进程中缩小城乡收入差距的经验进行了分析，结合中国实际情况，得出对我国城乡收入差距缩小的启示。

其次，笔者讨论了中国城镇化与收入差距的发展历程与问题。在此基础上，分析了西部地区城镇化与城乡收入差距的发展历程与问题，1995 年以来，西部地区城乡收入差距总体上经历了先震荡攀升后下降的趋势。西部地区城乡收入差距的变化趋势有着与全国相似的背景，然而由于其自然历史条件的独特性，其发展变化也有其独特的特点，表现为：区域性、阶段性和复杂性。西部城镇化进程中城乡收入差距的发展问题表现在：国家战略层面问题、财政转移支付力度较弱、农村基础设施落后、农村人力资本水平低下等。

再次，本书探讨了城镇化的动力机制，包括农业、工业和第三产业驱动理论，研究了城镇化影响经济增长的途径。并建立数学模型分析了城镇化对城乡收入差距的影响机制，并说明了其影响途径。笔者对 1995 年以来的西部地区 12 个省份的面板数据（由于西藏数据缺失严重，本书不对其进行讨论）进行了计量模型的实证研究，结果证明西部地区城乡收入差距经历了先上升后下降的倒 U 型趋势，并且西部地区城镇化推进有助于缩小城乡收入差距。

最后，本书在对西部地区面板数据实证检验的基础上，提出了推进西部地区新型城镇化与缩小城乡收入差距的战略思路、战略原则与战略目标，并分别提出了调整西部大开发战略转型、构建多中心—外围城镇群、加快小城镇和新农村建设的战略重点和具体的战略模式。从城镇、农村、城乡统筹以及缩小城乡收入差距四个方面提出了相应的制度安排。本书对加强特色资源开发、促进特色产业发展、构建特色城镇化体系、推进农业现代化、完善农村基础设施建设、提升农村人力资本和加快民族地区与贫困地区发展等方面提出了具体的战略途径。

1.2.2 研究框架

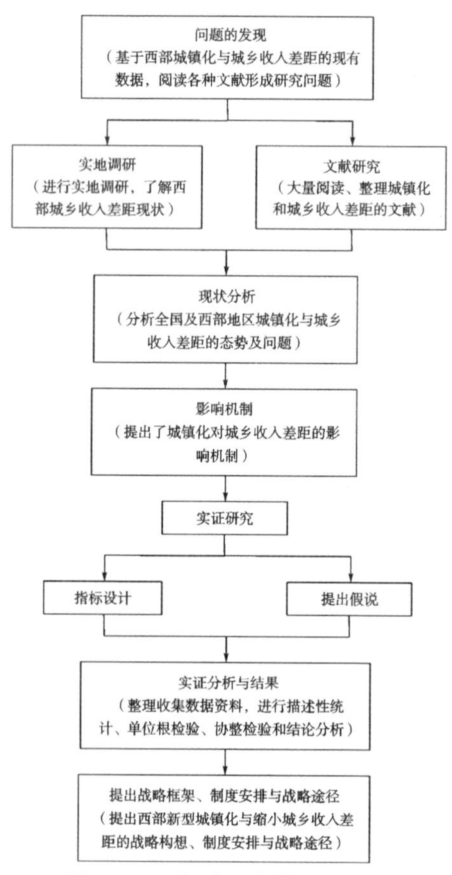

图 1-1　西部地区城镇化与城乡收入差距的关系研究框架

1.2.3 研究方法

第一，理论研究。关于城镇化与城乡收入差距的发展与治理，国内外已有大量的研究成果，本书对这些文献进行系统分析和梳理。除了概念、内涵和衡量方式外，本书着重分析了国外城镇化进程的基本规律、经验与教训，并提出了国外缩小城乡收入差距的经验及其对我国的启示。笔者通过分析城镇化的农业、工业、第三产业驱动机制，进一步说明了城镇化对经济增长的影响机理，并在前人的研究基础上，探索性地提出了城镇化对城乡收入差距的影响途径。

第二，定性与定量分析。定性分析与定量分析是互为补充的，二者所采取的研究方法不同。定性分析采取的是演绎推理、归纳概括、分析总结等方法，在已搜集资料的基础上对研究的问题进行质的分析，揭示出分析对象的本质及发展规律。定量分析是在定性分析的基础上，运用数据与数学模型，利用各项指标更加精确、客观地分析研究对象的规律，是对定性分析的一种重要补充。由于定性分析与定量分析各有优点，因此本书综合利用两种分析方法开展研究。笔者先从定性分析方法着手，对城镇化与城乡收入差距的做出本质的阐述，界定各自的内涵与衡量方式，在此基础上提出了两者之间关系的影响机制；然后利用定量分析方法，建立数学模型，利用计量方法精确分析城镇化与城乡收入差距的数量关系，并通过对实证结果的分析，得出具有针对性的政策建议。

第三，实证研究。结合已有理论研究，本书通过搜集或观察数据，利用软件或设备对所提方案及设计的步骤进行操作，进而验证假设与结果间的关系，归纳出研究对象的本质及发展规律。本书运用 1995—2016 年西部 12 个省份的数据，通过对西部城乡收入差距的走势与经济发展水平的关系进行分析，发现西部城乡收入差距的变动趋势在数学意义上具有库兹涅茨倒U型曲线的特征。本书通过对西部城镇化对城乡收入差距的影响进行建模和实证分析，得出了西部地区城镇化与城乡收入差距之间的数量关系及其他影响因素。

1.3 创新点与不足

1.3.1 主要创新

第一，研究视角的创新。本书利用区域经济学、城市经济学、制度经济学、福利经济学和人口学的学科知识对西部地区城镇化与城乡收入差距问题进行探讨，突破了传统研究城镇化和收入分配的问题时的单一视角，实现了不同学科在同一研究问题上的交叉和融合，有助于更全面、更系统地认识两者的关系及影响机制。

第二，研究内容创新。由于现有的城镇化与城乡收入差距研究大部分基于全国视角，而对欠发达的西部地区城镇化与城乡收入差距的走势与关系的专门分析相对薄弱，本书系统分析了西部地区城镇化与城乡收入差距的发展态势与问题，提出了西部地区城乡收入差距的发展特点，包括区域性、阶段性和复杂性，并总结了其发展问题，包括国家战略层面问题、财政转移支付力度较弱、农村基础设施滞后、农村人力资本水平低下、民族地区和贫困地区发展封闭等。

第三，研究方法创新。本书从城镇化的农业、工业和第三产业的动力机制出发，进一步分析了城镇化对经济增长的影响途径。并在前人的研究基础上，探索性地提出了城镇化对城乡收入差距的影响机理，笔者通过建立数学模型，发现区域内部农村人口向城镇流动和跨区域流动均有利于城乡收入差距的缩小，并从城镇化可以创造就业机会、促进农业规模化和产业化、促进乡镇企业发展和推动农民工市民化形成循环累积效应四个方面提出了城镇化对城乡收入差距的影响途径。

第四，研究结论创新。笔者有针对性地提出了推进西部地区新型城镇化与缩小城乡收入差距的战略构想、制度安排与战略途径。在借鉴国外典型国家或地区城镇化与缩小城乡收入差距经验启示的基础上，针对西部地区的特殊性，本书提出了推进西部城镇化和缩小城乡收入差距的战略重点：调整西部大开发战略转型、建设多中心—外围城镇群、加强小城镇建设和推进新农村建设。本书探索性地提出了西部地区应重点发展以成都和重庆为中心城市的成渝双中心—外围城镇群，以呼和浩特、包头、银川为中心城市的呼包银三中心—外围城镇群，以南宁、贵阳、昆明为中心城市的南贵昆三中心—外围城镇群，以西安、兰州为中心城市的西兰双中心—外围城镇群等四大核心城镇群落，通过他们的网络化关联发展带动中小城市和小城镇的发展，强化其对农村腹地的扩散效应，推动西部新型城镇化的发展。本书从新型城镇化、新农村建设、城乡统筹和缩小城乡收入差距四个方面提出了各自的制度安排，然后提出了加强特色资源开发、促进特色产业发展、构建特色城镇化体系等主要战略途径。

1.3.2 不足之处

本书中，作者试图在前人的研究基础上，对城镇化与城乡收入差距关系的理论与实证方面进行一定的拓展，但由于自身能力及客观条件的限制，本书仍存在诸多缺陷和不足：

第一，本书在研究西部地区城镇化与城乡收入差距的关系时偏宏观。一方面，城镇化和城乡收入差距涉及经济社会的方方面面，因此，不可能对涉及的每一个方面都进行深入的研究，而只能作宏观的表述；另一方面，西部地区是一个范围较广的地区，包含12个省份，社会、经济、资源和城镇化发展基础都存在着较大的差异，由于本书侧重点在于整个西部，因而未能对各个地区作逐一深入的分析，只能选取个别具有代表性的区域进行重点讨论。

第二，本书在分析西部地区城镇化与城乡收入差距的关系时，对西部民族地区、贫困地区及老少边穷地区的特殊性仅作了简要的分析和概括，未能做出深入探讨，对推进西部新型城镇化和缩小城乡收入差距的复杂性、困难性及艰巨性探讨深度仍然不足。此外，本书对西部地区城镇化与城乡收入差距的关系在东部、中部地区的表现形式与发展问题未能做出深入的对比分析，其可以作为未来进一步研究的方向。

第三，在中国和西部地区城镇化与城乡收入差距的发展历程中，由于某些年份某些省份的数据缺失，因此未能采用更长历史时期的数据进行比较分析。我国的城乡收入差距从1978年后开始分析，而西部城乡收入差距的研究主要从1995年之后开始，数据统一性较弱。由于国家统计局网站上公布的部分指标数据缺乏连续性，数据采集不能完全到位，进行数据分析和面板数据实证检验时仅用了搜集到的1995—2016年这22年的242个指标数据，导致分析的广度与深度不够全面。

2 理论基础与文献综述

城镇化作为经济发展过程中的必经阶段，是一种具有普遍性和规律性的世界现象。本章笔者主要从理论和实践的角度对城镇化与收入差距的关系进行深入研究，通过对现有文献的归纳和梳理，总结出了城镇化的内涵与衡量、收入差距的发展历史与衡量、城乡收入差距的趋势变化及影响因素，进而对这些研究成果进行简要评述，为本书的研究奠定理论基础。

2.1 城市化与城镇化的概念界定

2.1.1 城市化

从人类历史上看，城市的雏形早在公元前3000年左右的尼罗河流域、古印度等地区就已出现，到18世纪中期，西方国家城市化在产业革命的推动下得到了迅速的发展。而城市化（Urbanization）一词是由西班牙人赛罗达（A. Serda）于1867年在《城市化基本理论》首次提出，并在20世纪风靡全球。

城市的产生和发展是社会生产力发展到一定阶段的产物，非农业人口的集中和非农产业的集中是城市的两个基本特征。以西蒙·史密斯·库兹涅茨（Simon Smith Kuznets）为代表的学者，把城市化定义为人口由乡村向城市集中的过程①，这种定义显然忽视了经济结构的变化。以科林·克拉克（Colin Clark）为代表的学者将第一产业向第二、三产业转换的过程定义为城市化，这弥补了上述定义的缺陷。综合来看，城市化可以定义为：人口从农村向城市集中，第一产业向第二、三产业转换的过程。这一过程常常伴随着城市用地扩展，生活方式及城市文明向乡村渗透等一系列现象。歌德伯格（Davis J. Goldberg）认为，城市化是乡村地区逐渐变成城市地区的过程。② 美国学者沃纳·赫希（Warner Hirsch）提出，城市化是指人口从分布分散、劳动强度大的空间转向特点相反的城市经济的过程。③ 约翰·弗里德曼（John Friedman）认为，城市化可分为两个方面的内容，一方面是人口及非农业活动向城市区域集中、城市景观逐渐替代非城市景观的过程，另一方面是城市文化、生活方式和价值观向乡村渗透的过程。④ 日本经济学家山田浩之通过构建城市产业人口联动模型来研究城市产业结构与人口构成的关系，认为城市化由两方面构成，一是经济基础建设进程中的城市化，二是社会文化扩散过程中的城市化。⑤

不同学科从各自视角对城市化进行了的定义，人口学中的城市化指的是人口的城市化，即人口从农村逐渐向城市转移、集中的过程，具体表现方式有两种，一是城市人口数量的增长，

---

① 西蒙·库兹涅茨. 现代经济增长［M］. 北京：北京经济学院出版社，1989.

② DAVIS J H，GOLDBERG R A. A concept of agribusiness［D］. Boston：Harvard University，1957.

③ 沃纳·赫希. 城市经济学：中译本［M］. 刘世庆，李泽民，廖果，译. 北京：中国社会科学出版社，1990.

④ John Friedman. Regional development policy：A case study of Venezuela［M］. Cambridge：MIT Press，1996.

⑤ 山田浩之. 城市经济学［M］. 大连：东北财经大学出版社，1991.

二是城市数量的增加。英国学者克里斯托弗·威尔逊（Christopher Wilson）是这一观点的代表之一。社会学所理解的城市化是一个社会变迁、社会结构发生变化的过程，更加侧重考察人口城市化过程中思想观念、生活方式及宗教信仰等方面的变化，强调这些非经济因素对城市化的推动作用。地理学中的城市化研究的是人口和产业在区域空间的分布、变迁，并最终形成具有集聚特征、经济布局合理的空间区位的过程。历史学家视野中的城市化是政治、经济及文化等人类文明从区域向全面扩散的历史发展过程。经济学家们从经济学的角度提出，集聚效应和规模经济效应是城市化的内在核心动力，城市化也是第一产业逐渐向第二、三产业转移的过程，其结果以区域经济发展的表现形式呈现出来。综上我们可以得出，城市人口比重上升和产业结构的转变是城市化过程的重要特征。

2.1.2 城镇化

西方的城市化包含了人的城市化和产业的城市化，即人口向城市集中和劳动人口由第一产业向第二、三产业迁移的过程。他们都属于城市化范畴，本质上强调了经济活动中心从农村转出。西方学者的城市化强调转向城市，而我国学者提出的城镇化则强调转向城镇，两者在地理意义上的侧重点不同。

城镇一般是指县城、经济发达的乡镇和环绕大城市而建设的卫星城镇。城镇化是由我国学者提出的新词汇，它始于城市化，但又不完全等同于城市化，1991 年，辜胜阻在《非农化与城镇化研究》中认为，伴随着社会结构和经济结构的改变，人口、资本和非农产业等开始向城市地区进行聚集①。此后，对城镇化的研究激起了很多学者的热情，他们从不同的角度对城镇

① 辜胜阻. 非农化与城镇化研究［M］. 杭州：浙江人民出版社，1991.

化进行了较为全面的研究，并取得了许多研究成果，呈现出百家争鸣的景象。汪光焘（2002）① 从社会分工的角度提出，城镇化是经济的发展、社会分工越来越精细导致人口向城镇集中的过程。

1999 年 9 月，《关于制定国民经济和社会发展第十个五年计划的建议》中正式采用了城镇化一词，此后，城镇化一词在我国被频繁使用，并逐渐取代城市化。然而，城镇化并未有一个统一的概念。胡序威认为，城市的范畴有广义和狭义之分，乡村居民点之外的各种城镇型居民点是广义的城市，这时城市化与城镇化是一个概念；而狭义的城市是指根据行政划分而界定的市级以上的城市。因此在我国小城镇居多的情况下使用城镇化比使用城市化更切合实际情况。由于中国人口转移主要从农村向各类城镇地区转移，因而周一星认为城镇化比城市化更加符合中国国情。郭濂（2014）指出，中国特色城镇化道路是由我国国情决定的，中国人口众多、地域广阔、区域经济发展各异，城镇化既包括了大、中城市，也包含和侧重了更有潜力的县域城镇，因此使用该概念更加综合、全面。丁守海（2014）认为，西方国家由于工业化起步较早，为城市化累积了足够的经济基础，他们的城市化道路以人口向大城市转移、非农产业向大城市聚集为主；但是在中国，改革开放后城镇化才刚刚兴起，由于工业基础薄弱，经济建设落后，对于大城市的发展力不从心，只能从小城镇开始着手。中国人口众多、土地广袤、资源丰富，有在农村周围搞小城镇建设的条件和基础，因此，我国实行的城镇化主要是小城镇的发展。数据显示，截至 2014 年年底，我国已有 750 个城市，设立建制镇 20 401 个，我国城

---

① 汪光焘. 关于当代中国城镇化发展战略的思考［J］. 中国软科学，2002（11）：3-11.

镇土地面积 5 年增幅为 17.7%，其中建制镇土地增加 26.8%。我国城镇土地总面积为 890 万公顷（1.335 亿亩），其中建制镇面积占 53%，且成区域分化态势，近五年来，东、中部地区城镇土地面积都有明显提高，其中东部地区、中部地区和西部地区的增幅分别为 14.7%，27.8%和 32.6%。

2.1.3 新型城镇化

习近平于 2007 年 3 月发表的文章《走高效生态的新型农业现代化道路》首先提出了新型城镇化对“三农”经济的促进作用。[①] 随后，新型城镇化在政府工作中的重要性逐渐凸显。

党的十七大报告提出了中国特色城镇化道路应遵循的原则、实施重点及目标，党的十八大进一步明确了信息化和农业现代化在新型城镇化推进过程中的重要作用，强调要建立全面的社会保障制度[②]。2012 年的中央经济工作会议又把生态文明建设加入我国城镇化道路之中，指出要走集约、绿色、低碳的经济发展之路。2013 年 12 月的中央城镇化工作会议将新型城镇化升级为推动内需和产业升级的动力，并提出了坚持以人为本的新型城镇化要求。在 2014 年 3 月的政府工作报告中，李克强指出要重点解决棚户区改造和城中村改造问题，引导中西部地区就近城镇化，同月出台的《国家新型城镇化规划（2014—2020 年）》制定了我国城镇化发展的顶层设计和全面规划，为城镇化的全面推进指明了方向。鉴于我国各地经济发展水平差距较大的现实情况，2014 年 12 月根据分类实施、试点先行的思路，国家公布了一批新型城镇化综合试点的地区名单，标志着我国

---

① 习近平. 走高效生态的新型农业现代化道路［N］. 人民日报，2007-03-21.

② 新华网. 中国共产党第十八次全国代表大会报告［EB/OL］.（2012-11-19）. http：//www. xj. xinhuanet. com/2012-11/19/c_ 113722546. htm.

新型城镇化正式拉开序幕。2015 年 2 月，李克强在《以改革创新为动力加快推进农业现代化》一文中强调，要加强公共服务和基建设施建设，为农村人口城镇化提供物质保障，重点提升中小城镇对人口流入和产业转移的承载力。① 2015 年 3 月，在 2014 年度政府工作报告上，李克强指出改革在我国新型城镇化过程中发挥着巨大的作用，要把改革作为解决城镇化过程中问题的抓手，切实推进户籍制度改革，消除人口流动的政策障碍。在 2015 年 6 月举行的第四届全球智库峰会上，李克强把城镇化视为解决我国区域经济发展不平衡的关键举措，在缩小城乡收入差距方面尤为重要。

表 2-1　城镇化与新型城镇化道路的提出

时间	会议	具体政策
1999. 9	第十五届四中全会	“十五规划”首次采用了“城镇化”一词，提出“有重点地发展小城镇，积极发展中小城市，完善区域中心城市功能，发挥大城市的辐射带动作用”
2002. 11	党的十六大	提出要坚持大中小城市和小城镇协调发展，走中国特色的城镇化道路
2007. 10	党的十七大	走中国特色城镇化道路，按照“统筹城乡、布局合理、节约土地、功能完善、以大带小”的原则，促进中小城市和小城镇协调发展
2012. 12	党的十八大	走中国特色新型工业化、信息化、城镇化、农业现代化同步发展道路
2012. 12	中央经济工作会议	积极引导城镇化健康发展，走集约、智能、绿色、低碳的新型城镇化道路

① 李克强. 以改革创新为动力加快推进农业现代化 [J]. 求是，2015 (2)：1-10.

表2-1(续)

时间	会议	具体政策
2013.12	中央城镇化工作会议	科学发展的新型城镇化道路，核心是以人为本，关键是提升质量，与工业化、信息化、农业现代化同步推进
2014.3	十二届全国人大第二次会议上政府工作报告	推进以人为核心的新型城镇化，坚持走以人为本、四化同步、优化布局、生态文明、传承文化的新型城镇化道路，今后一个时期，着重解决好现有“三个1亿”问题
2014.9	推进城镇化建设试点工作会议	新型城镇化贵在突出“新”字、核心在写好“人”字，推进新型城镇化要因地制宜、分类实施、试点先行
2015.3	十二届全国人大三次会议	要推进新型城镇化取得新突破，城镇化是解决城乡差距的根本途径

注：根据1999年以来中央政府有关城镇化的会议资料整理

从“城市化”到“城镇化”，再到“新型城镇化”的演变过程是我国对城镇化概念的理解不断深入、不断探索和实践的过程，也是政府努力实现我国经济发展、持续提高人民生活水平的过程，为我国的新型城镇化建设提供坚实的理论和实践基础。

2.2 城镇化的相关理论与衡量

2.2.1 城镇化的理论基础

国外学者在城镇化研究方面总结出的主要理论有：区位理论、二元结构理论、增长极理论、中心—外围理论和人口迁移理论等。这些理论分别从不同的视角对城镇化现象进行了考察和论证。

2.2.1.1 区位理论

19世纪，德国的约翰·冯·杜能（Johan Heinrich von Thunnen）是最早开始研究区域经济理论的经济学家，阿尔弗雷德·韦伯（Alfred Weber）、克里斯泰勒（W. Christaller）、奥古斯特·廖什（August Losch）等人在他的研究基础上进行了拓展和完善，逐渐发展并形成了比较完备的理论体系。

在区位理论研究中，如何确定最佳位置是一个核心问题。约翰·冯·杜能于1826年在文章《孤立国同农业和国民经济之间的关系》中首先对这一问题进行了阐述，他认为在利润驱动下，运输费用对农作物的布局有重要的影响，区位地租水平随着离城市距离的拉近而上升，并且决定了农业土地的利用方式，比如在距离城市较近的地方种植运费较高，不易保存的农作物，而在距离城市较远的土地上种植运费较低，可长久保存的农作物，最终形成一个由不同农作物构成的同心圆结构，即著名的"杜能环"①。以大城市为中心的杜能环共由种植不同农作物的六环构成，如图2-1所示。约翰·冯·杜能的农业区位理论的主要贡献在于首创了孤立化的思维方式，揭示了农业土地的利用与市场空间的关系，为进一步研究土地空间的利用奠定了理论基础。同时，他的理论不足之处在于分析时仅考虑了运输费用的影响，忽略了劳动力等其他因素，与现实状况不符。

工业区位理论最初是由德国经济学家阿尔弗雷德·韦伯于1909年提出的，在产业革命的背景下，他沿袭约翰·冯·杜能的思路，并在继承前者观点的基础上，分析了人口由农村向城

---

① 约翰·冯·杜能. 孤立国同农业和国民经济之间的关系［M］. 吴衡康，译. 北京：商务印书馆，1986.

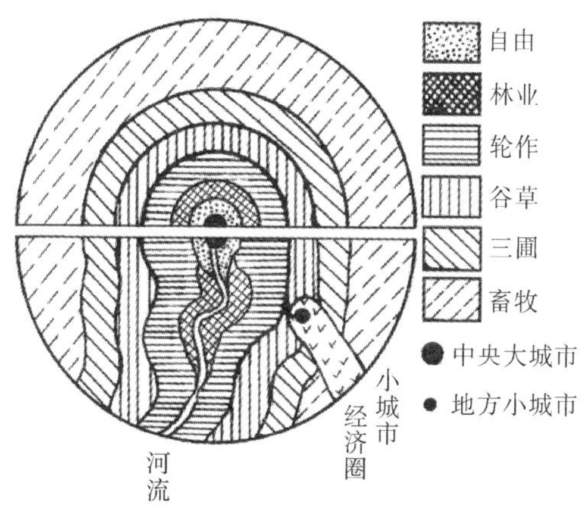

图 2-1　杜能环

市大规模流动的原因和产业集聚机制。[①] 阿尔弗雷德·韦伯还在运费这一因素的基础上，新增了两个重要因素，即劳动力费用与集聚效应，二者的共同作用导致原来的单一依据运输费用选择的区位有所改变。他全面考虑了运输费用、工资成本和集聚效应对总成本的影响，并将总成本最小化作为厂商选择厂址的依据，最终实现区位选择的最优化。阿尔弗雷德·韦伯的研究成果为产业区位研究做出了重大贡献，也奠定了近代工业理论的发展基础。不过该理论也具有一定缺陷，阿尔弗雷德·韦伯提出的运费是与重量和距离成比例的增加，而现实中运费往往是递减的，其完全竞争条件假设也并不现实。并且根据阿尔弗雷德·韦伯的最小费用原则所选择的成本最小区位，并不一定获得最大利润，而追求利润最大化的厂商往往更加注重利润最大的区位。

① 阿尔弗雷德·韦伯. 工业区位论［M］. 李刚剑，译. 北京：商务印书馆，1997.

德国经济地理学家克里斯泰勒（W. Christaller）在《德国南部中心地原理》一书中，经过一系列的假设，提出了由中心城市和外围多层次的市场区域构成的空间结构体系，即正六边形的中心网络体系（或中心地理论），如图 2-2 所示，并认为该体系在经济运行中最为有效率。在这个网络系统中，城市占据核心地位，能够为周边乡村提供产品和服务，因而城市应建设在乡村的中心区域。城市核心地位的形成遵循了市场原则、交通原则和行政原则。[①] 其不足之处在于，它没有考虑到企业间的专业化效应和集聚效应，也忽略了居民居住地选择的相互作用，是一种静态的分析。其生产地的集中对消费者的区位决策影响不大的观点也受到质疑。

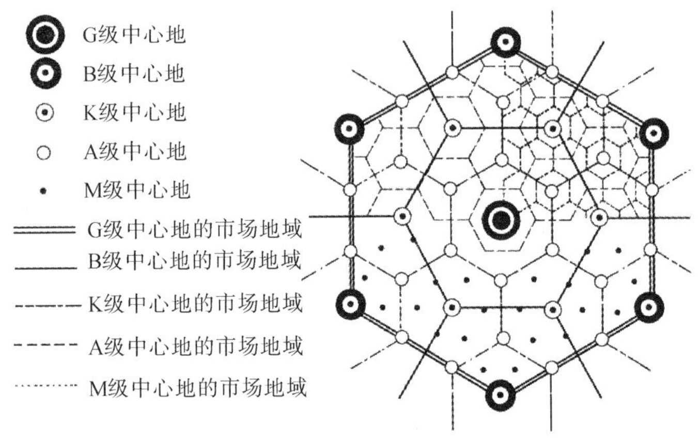

图 2-2　中心地体系

奥古斯特·廖什（August Losch）扩展了克里斯泰勒的分析，把市场需求引入对区位理论的研究之中，进而探讨了市场

---

① 克里斯泰勒. 德国南部中心地原理［M］. 常正文，王兴中，等译. 北京：商务印书馆，2010.

区位体系和工业企业最大利润的区位，形成了他的市场网络理论，如图 2-3 所示。奥古斯特·廖什从地域同质性、生产要素和需求均匀分布这些假定出发，也推出了六边形市场区域，并认为其大小取决于需求条件和生产条件。因为存在竞争，区域内的生产者会相互聚拢形成聚集效应，这种效应会在市场需求量仅能达到最低需求量时停止，即利润最大时停止。因而，不同的产品会呈现出不同大小的蜂窝状的市场网络。克里斯泰勒是在 K 值固定比值的假定下推导出中心地等级结构，而奥古斯特·廖什则是运用 K 可变比值的方法推导出市场网络体系的结构①。奥古斯特·廖什承认专业化生产地的存在，同时，他的市场网络模型也比克里斯泰勒的中心地模型表现出更大的适应性。然而，他的区位理论局限性在于生产成本主要考虑了原材料的运输费用，而在技术密集型、知识密集型企业中，运输费用应是次要考虑的因素，首先考虑的应是人力资本和智力资源。

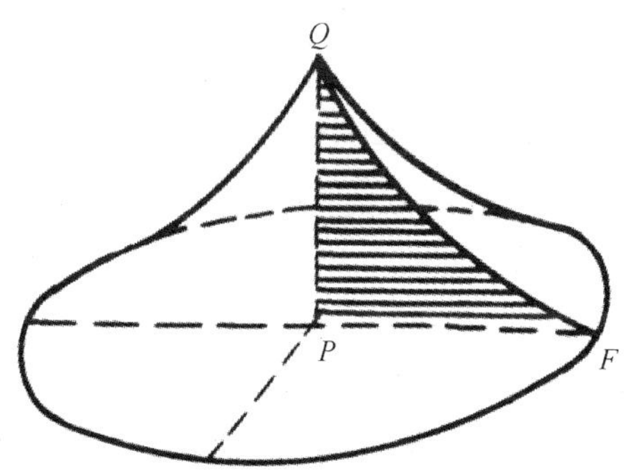

图 2-3　廖什的市场区与需求圆锥体

第二次世界大战以后，学者们试图将局部性的区位结构理

① 奥古斯特·廖什. 经济的空间秩序 [M]. 王守礼，译. 北京：商务印书馆，2010.

论进一步整合，发展为一般的空间均衡理论，并做出了重要贡献。他们的研究特点：一是用基于经济宏观层面视角的研究替代从单个厂商决策的研究；二是研究方法从理论分析逐渐过渡到与实际情况更加符合的应用型区域模型研究；三是研究对象从农业逐渐扩大到第二、三产业；四是区位决策中考量的影响因素逐渐增加，比如居住、出行等方面的影响。其中影响较广泛的学者有：沃尔特·艾萨德（Walter Isard）、贝里（Berry）、伯顿（Burton）、D. M. 史密斯（D. M. Smith）、C. A. 史密斯（C. A. Smith）等。

1940 年，沃尔特·艾萨德的研究也推动了区位论的进一步发展，他的研究倾向于对传统理论的进步一步拓展，以及对区位理论的部门应用研究。1950 年后，他的研究方向转移到区域整体的研究，大大拓展了区位理论的研究范围，他将模型从单个厂商扩展到区域的政策、交通、商业、生态环境等多个部门的融合，并在定性分析的基础上加入了具体的数量研究，走出了区位论仅限于理论研究的困境。① 他的研究从局部均衡走向了区域空间的总体均衡，并在他 1960 年的《区域分析方法》中系统阐述了区位论的理论和方法。沃尔特·艾萨德的研究是二战后区位论研究发展的新方向，也标志着区域科学的正式形成。

2.2.1.2 二元结构理论

英国经济学家威廉·阿瑟·刘易斯（William Arthur Lewis）在 1954 年的《劳动无限供给条件下的经济发展》首次提出了“两部门结构发展模型”，即以现代化工业发展为主的城市部门和以传统农业发展的农业部门两个经济部门，形成了“二元经济结构”。威廉·阿瑟·刘易斯假设劳动力无限供给和工资水平不发生变化，那么由于两部门的劳动生产率的差异，两部门的

① 沃尔特·艾萨德. 区域分析方法［M］. 北京：高等教育出版社，1991.

工资水平也会不同。在欠发达国家或地区，由于农村存在着边际劳动生产率为零的剩余劳动力，不同的工资水平将会使农村剩余劳动力转向城镇就业，这将有助于二元经济结构的缓和，可以实现从二元向一元经济的过渡。①

美国发展经济学家约翰·费景汉（John C. H. Fei）和古斯塔夫·拉尼斯（Gustav Ranis）对刘易斯模型进行了改进，他们在刘易斯两部门模型的基础上，进一步将农业部门的剩余劳动力分为了两个部分，一个是不能增加农业总产出的边际产出为零的部分，另一个是虽然边际产出不为零，但不能满足自身消费需求的部分，他们的产出也不能增加农业的总剩余。在这些假设下，他们将农业剩余劳动力转向工业部门分为三个阶段：首先是劳动生产率为零的剩余劳动力的转移，他们的流出对农业部门几乎没有影响；其次是小于农业部门平均生产水平但边际生产率为正的劳动力，他们的转移将使农产品产量下降，农业部门萎缩，而工业部门的工资水平开始上涨，二元经济结构形成；最后是由于生产力的进步，传统农业开始向现代农业过渡，农业和工业间的劳动力流动取决于边际生产力，而部门工资也由边际生产力决定，由此，二元经济结构得以缓解。② 拓展后的新模型能更好地说明二元经济结构的变化过程，也说明了农业和工业平衡增长的重要性，它的产生与缓和均取决于两部门生产率的提高。刘易斯—费景汉—拉尼斯模型为我们提供了二元经济结构可以得到缓解的理论基础，也对发展中国家和地区走出二元经济困境具有一定的指导意义。

---

① 威廉·阿瑟·刘易斯. 劳动无限供给条件下的经济发展［M］. 北京：北京经济学院出版社，1954.

② 约翰·费景汉，古斯塔夫·拉尼斯. 劳动力剩余经济的发展［M］. 北京：华夏出版社，1989.

2.2.1.3 增长极理论

法国经济学家弗朗索瓦·佩鲁（Francois Perroux）从1950年开始对经济能否均衡增长进行研究论证，他认为一个国家或者地区的经济增长一般是不平衡的，他们一般会从一个或者多个超过平均生产水平的“增长极”的强劲增长，逐步向其他部门或地区传导。与其他经济学家不同，佩鲁把经济发展的空间比喻为一个力场，这个特殊力场中存在具有推动性的单元，即增长极。他认为正是由于增长极的存在，才能推动中心区位的各工业部门在主导产业的带动下更有活力的互动发展，带动经济的迅速增长。这些增长极通过各种的传播渠道向外扩散，从而带动整个区域的经济发展。他提出增长极对区域的带动作用表现为如下四点：一是技术的创新和扩散；二是产生规模经济效益；三是资本的集中与输出；四是形成集聚经济效果。由此，处于增长极的中心区域优先增长，然后带动周围区域的发展。增长极的形成需要一定的条件：一是需要有创新能力的企业和企业家群体；二是该地区必须具有规模经济效益；三是适合创新企业发展的良好环境，如资本、技术、劳动力、设备等硬件环境和高技术人才、优良的投资制度和政策等软环境。① 增长极理论也称极化理论，它的发现具有重要的实践价值和政策意义，在经济发展落后的地区要实现工业化和现代化，可以通过建立增长极来带动临近地区的发展。促进增长极形成有两种方式：一是在市场机制的自发调节下产生；二是由政府通过政策引导和行政规划推动建立增长极。虽然弗朗索瓦·佩鲁的增长极观点在实践中还存在很多不可行性，但其思想为区域经济如何发展提供了一定的参考。

在佩鲁的研究基础上，瑞典经济学家冈纳·缪尔达尔（Karl

① 弗朗索瓦·佩鲁. 新发展观［M］. 北京：华夏出版社，1987.

Gunnar Myrdal）和美国经济学家阿尔伯特·赫希曼（Albert O. Hirschman）进一步讨论了区域发展极化的机制。冈纳·缪尔达尔和阿尔伯特·赫希曼对于增长极的解释是，偶然事件的正向刺激可能会为某地区带来经济快速的增长，由于规模经济、外部经济和集聚效应等的存在，可能会为该地区带来持续的增长，然而，偶然的反向刺激也可能会阻碍一些地区的经济增长。这种正向的刺激一般是由于某部门或者行业的创新、技术进步或者政策影响。由于某部门的增长刺激或者阻碍，通过外部性将这种积极或者消极作用传导到其他部门，使整个经济增长发生变化。在新古典经济学家看来，这种偶然的经济偏离最终会回到均衡的状态。然而，冈纳·缪尔达尔和阿尔伯特·赫希曼却提出了不同的看法，他们认为这种偏离会由于经济的不完全竞争等其他因素得到强化，开始了经济的非均衡发展状态①。就系统论而言，新古典经济学家认为负反馈会强于正反馈的力量，其使经济最终达到均衡发展状态，而冈纳·缪尔达尔和阿尔伯特·赫希曼却更加强调正反馈的作用，认为这种非均衡状态会长期持续。

冈纳·缪尔达尔和阿尔伯特·赫尔用了两种相似的效应表达区域间经济的互相作用。冈纳·缪尔达尔使用扩散效应和回流效应解释，而阿尔伯特·赫希曼则运用渗透效应和极化效应说明。扩散效应和渗透效应说明了优先增长的区域对周围地区具有扩散带动作用，有利于周围地区经济增长赶上增长极区域；回流效应和极化效应则强调了经济发展的过程中增长极区域的经济增长会对周围区域产生消极影响，由于发达区域会吸引更多高技能劳动力，并加速自身的经济增长，破坏周围地区的发

① 冈纳·缪尔达尔. 世界贫困的挑战——世界反贫困大纲［M］. 北京：北京经济学院出版社，1991.

展，导致增长极区域与周围地区的差距越来越大。[1] 在一定范围的区域发展过程中，发展最终走向均衡还是极化，主要在于扩散和回流效应的大小，谁占据主导地位，冈纳·缪尔达尔认为极化效应将会占主导，而阿尔伯特·赫希曼则持乐观看法，提出经济长期发展将会趋向均衡。两种效应到底谁占主导效应，主要取决于当地的资金、技术、人才储量等潜在发展因素。由于冈纳·缪尔达尔的极化理论强调市场机制的作用不会导致均衡，而是导致差距的强化，因此主张通过政府干预实现区域的均衡发展，或者缩小区域间的发展差距。由于外部性、不完全竞争和公共产品的存在，新古典理论的帕累托最优状态难以实现，极化理论主张政府可以干预市场机制的运行，尤其是欠发达国家在一定时期可以通过制定经济发展规划，来增强积极的循环累积效应，摆脱落后的状态。极化理论的经济政策目标是，一方面阻止极化力量，消除区域发展的差距，强化均衡效应；另一方面弱化消极的循环累积过程。极化理论有一定的不完善之处，由于它没有像新古典一般均衡模型一样提出一个属于自己的基本模型而受到质疑。并且，扩散效应和回流效应在何种情况下各自占主导地位也未进行详细说明，因此缺乏了一定的说服力。由于大部分的增长极是城镇，于是它对如何平衡城乡发展具有一定的借鉴意义。

2.2.1.4　中心—外围理论

1949 年，阿根廷经济学家劳尔·普雷维什（Roal Prebish）通过研究发现，传统的国际分工中，全球经济被分为大的工业中心和为之提供原材料和初级产品的外围两个部分，他称之为中心—外围理论（也称核心—边缘模型）。他认为，在这种中心—外围的关系中，由于技术进步的不均匀传播，中心与外围地

① 尔伯特·赫希曼. 经济发展战略 [M]. 北京：经济科学出版社，1991.

区存在着不对称的关系，中心地区伴随着技术进步迅速，经济增长速度长期快于外围地区，中心地区一般生产工业制成品，而外围地区则只能生产粮食和初级产品。[①] 劳尔·普雷维什提出了中心—外围模型有如下三个特点：首先，中心与外围构成了一个有机的、动态互动的整体；其次，中心与外围之间在生产率和生产结构上有着很大差别；最后，中心与外围的关系是长期不平等的。中心—外围模型将世界从空间上划分为两种类型的区域，中心地区经济增长强劲，而外围则依附中心而发展。

后来更多的学者丰富和发展了中心—外围模型，其中影响最大的是美国经济学家约翰·弗里德曼（John Friedman），他通过对发展中国家的空间发展规划的长期研究，提出了一套空间发展规划的理论体系，其中最重要的则是对中心—外围模型的延伸，已经成为欠发达地区进行空间经济研究的主要分析工具。受熊彼特的创新理论的启发，约翰·弗里德曼提出了空间极化理论，他认为区域可以看作一种由许多基础创新群组成的一个大系统，他们不断累积创新从而迅速发展成大城市系统，这些城市一般具有利于创新活动的条件，创新一般是由大城市——“变革中心”向周围地区——外围进行扩散，周围地区在中心区域的带动下发展。一般而言，大的城市作为中心区域而存在，他们拥有更多的资金、人才、技术、信息，经济增长迅速。而外围地区由于生产力落后，长期依附于中心城市而发展，经济长期落后。[②] 后来，约翰·弗里德曼还将社会、政治等因素引入模型，他认为中心地区对外围的影响力不仅因为它是创新活动的中心，在空间系统中它还拥有某些权威，处于支配地位。虽

---

① 劳尔·普雷维什. 拉丁美洲的经济发展及其主要问题［R］. 联合国拉丁美洲和加勒比经济委员会，1949.

② John Friedman. Regional development policy：A case study of Venezuela［M］. Cambridge：MIT Press，1966.

然中心和外围之间贸易不平等，经济主导因素集中在中心区，技术进步、创新等都集中在中心区，但中心和外围的结构不是一成不变的，随着外围生产率的提高，中心和外围的界限将会逐渐模糊，如果政府进行适当的干预或者制定了良好的制度，最终将可能走向区域经济一体化。

2.2.1.5 人口学派理论

人口学派侧重于通过人口迁移的研究来分析城镇化进程，该学派的研究者认为，在各种因素共同作用下，农村劳动力人口向城市迁移，城市人口比重持续增加，城市的规模也随之逐步增大，这一过程即为城镇化。人口迁移理论起源于英国统计学家莱文斯坦（Ernest - George Rawenstein）的“人口迁移法则”。此后西方学者对该理论进行了深入的发展，提出了一系列包括推力—拉力理论、人口流动转变假说、人口迁移引力模型等理论体系。1885 年莱文斯坦在他的《人口迁移法则》中提出了人口迁移的规律，包括农村人口一般向附近工业发达的城镇流动；农村人口一般先近距离的流动，然后再向更远的地方迁移；长距离的迁移活动一般是人口向更大的城市流动。① 1938 年赫勃尔（R. Heberle）提出了人口迁移是由两种力共同作用的结果，一个是吸引人口到另一个地方的拉力，另一个是推动人口离开当地的推力。唐纳德·博格（Donald J. Burge）（1959）在赫勃尔的人口迁移拉力与推力的理论基础上，进一步完善了人口推拉理论。他将赫勃尔的推力和拉力的影响因素进一步细分，共总结出了 6 种因素的拉力和 12 种因素的推力。

1971 年威伯尔·泽林斯基（Wilbur. Zelinskey）在美国地理杂志上发表的《人口流动转变假说》一文中，提出了人口流动

① Ernest-George Rawenstein. The laws of migration [J]. Journal of the Royal Statistical Society, 1889: 35-56.

不仅与出生率、死亡率有关，而且还受经济发展的阶段的影响。在工业革命以前，人口出生率、死亡率和增长率都较低，较少发生人口迁移；随着工业革命的发生，出生率和增长率均有所提高，而死亡率随着科技的进步开始下降，随着工业化的推进，大量的人口从农村向城镇迁移；在工业革命的后期，人口出生率、死亡率和增长率均开始降低，人口从农村向城镇流动开始放缓；在全球知识经济和信息经济变革到来后，发达国家人口的增长率进一步下降，人口出生和死亡率也随着医学的发达进一步降低，农村人口向城镇的流动进一步放缓，人口的流动以城市之间的流动为主。①

人口迁移引力模型主要与两个因素密切相关，即人口规模及迁移地之间的距离。这一模型的作用过程是在借鉴牛顿万有引力理论基础上得出的。该模型认为，当人口规模一定时，两地之间的距离越近，某个地区或城市对人口迁移的引力越大；当两地之间的距离一定时，人口规模越大，引力越大。后来的学者们在前人的基础上加入了更多的影响因子，包括人均收入、失业率、城市化水平、休闲、居住条件等，更深入地拓展了人口迁移引力模型。虽然人口学派从劳动力流动的视角解释了城镇化的过程，但缺乏对经济活动的相关关系的分析与说明。

2.2.1.6　生态学派理论

生态学派理论从人与自然和环境的和谐共处出发，旨在强调人与自然及生态环境间的协调关系。该理论认为城镇化进程必须在人类与自然环境共存共荣的基础上推进，应本着城市容量有限和以人为本的原则，将人与自然环境的和谐关系融入城镇化过程中，考虑城市的承载力，在此基础上科学规划城市，

---

① 威伯尔·泽林斯基. 人口流动转变假说［J］. 美国地理杂志，1971 (5)：21-35.

使得城市的空间布局及产业布局更加有利于人与自然环境的和谐共生。生态学派理论一般包括城市复合生态系统论、田园城市论和古典人类生态学论等。城镇生态理论对我国新型城镇化的发展有着非常重要的指导意义，在自然资源、生态环境、城市承载力等的限制下，我国的新型城镇化改革必须注重低碳发展、城镇集约及管理能力等。

2.2.2 城镇化的衡量

对于城镇化的衡量，国内外学者们提出了较多的方法，目前国内外尚未形成一个统一的城乡划分标准。常见的城乡划分有人口总量法、土地利用比重法、非农就业结构法、行政建制法和人口比重法等。

2.2.2.1 人口总量法

虽然多国都有采取人口总量法界定城市人口，但各国的固定数量均有较大差别。新西兰定义城市应是多于1 000人的居民点；澳大利亚规定城市的人口不低于1 000人，且人口密度要大于每平方米200人；加拿大规定城市人口不低于1 000人，且人口密度要大于每平方米400人；法国定义城市应为2 000人以上的居民点；英国规定城市区域应该多于3 000人；伊朗则限定城市应是大于5 000人的居民点。

2.2.2.2 城镇土地利用比重法

城镇土地用地比重法是用某地区城镇建设用地占该区域总面积的比例来表示，现在已经很少有国家或者地区采用该方法来衡量了。

$$\text{城镇化率}=\frac{\text{城镇建设用地面积}}{\text{该地区总面积}}$$

2.2.2.3 非农就业结构占比法

非农就业结构占比法即某国家或者地区非农就业人口占总

就业人口的比重来衡量该地区的城镇化水平。

$$城镇化率 = \frac{非农就业人数}{该地区总就业人数}$$

2.2.2.4 行政建制法

行政建制法是规定行政机关或一个地区的区域商贸中心为城市。国际上使用该方法的国家或地区有30多个，主要集中在拉丁美洲。某些国家或地区也会规定该国或者地区的首府所在地为城市，如蒙古、埃及等。

2.2.2.5 人口比重法

我国通常采用人口比重法来衡量城镇化率，即用城镇人口占总人口比重来衡量城镇化发展程度。以该指标的变化来衡量城镇化进程的快慢。城镇化的计算公式为：

$$城镇化率 = \frac{城镇人口数}{该地区总人口数}$$

城镇人口的统计方式可以分为，以户籍统计的户籍人口城镇化率，和以常住人口统计的常住人口城镇化率。以户籍人口计算的城镇化率，即拥有非农户籍的城镇人口占该地区总户籍人口的比例。以常住人口计算城镇化率时，我国与国际上其他国家一致，常住人口指全年在城镇居住或者在城镇居住6个月以上的人口。由于两者定义口径和数据来源不一样，两数据间常常有较大的差距。统计数据显示，1978年我国常住人口占总人口比重为17.92%，2016年我国有2.82亿农民工在城镇工作生活，城镇常住人口城镇化率达到57.35%，而户籍人口城镇化率则仅为41.2%。不少学者关注户籍人口城镇化率，认为其与常住人口城镇化率相差较大的比例，无城镇户籍的城镇常住人口不能享有和城镇人口同等的社会福利待遇，由于我国的农民工市民化待遇的推进较缓慢，他们在城镇未能取得与城镇居民同等的社会保障、教育、医疗等待遇，出现“伪城镇化”的现象。更多的学者采用常住人口城镇化率，认为城镇常住人口从事着非农产业活动，他们的生产、生活范围也基本在城镇，他们的生活方式、思想观念也更加城市化，因此，城镇常住人口更能代表城镇人口。

2014 年我国进行了户籍制度改革，统一了城乡户口登记，以适应新常态下我国社会经济发展的需要，对于推进新兴城镇化和农民工市民化的发展具有重要影响。这是自 1958 年我国农业与非农业二元户籍管理模式形成以来首次提出取消二元户籍制度，改革传统户籍制度，统筹城乡就业、教育、社会保障等多方面的配套改革，将进一步推动城乡经济协调发展，对缩小城乡收入差距具有重要的作用。

我国官方或者学术界衡量某区域的城镇化率更多采用人口比重法。本书也使用常住人口城镇化率来衡量城镇化发展水平。因为，在经济基础薄弱、产业结构落后的西部地区，吸引更多的农村剩余劳动力进城进行生产、生活活动，是西部地区城镇化的基本任务，后文也将对该计算方法进行解释论证。

2.3 收入差距的相关理论与衡量

2.3.1 收入分配理论发展历史

国内外学者们对收入分配的研究一直保持着高度的热情。作为经济发展中时刻伴随着的问题，它不仅影响到一国政治是否稳定，也关系经济能否健康可持续发展。收入分配理论在漫长的发展过程中逐步完善，经济学家对其研究日渐深入，也得出了许多新的研究成果。自库兹涅茨假说提出之后，学者们研究重点开始侧重于研究经济增长和收入分配不平等的关系，而西方学术界对于收入分配理论本身的研究也形成了不同的流派。

2.3.1.1 古典学派的分配理论

古典学派的分配理论以亚当·斯密（Adam Smith）和大卫·李嘉图（David Ricardo）为代表。他们的分配理论着重研究农业部门，在土地的供给一定的情况下，研究劳动、资本和土地三者之间的分配。亚当·斯密从占有生产条件和取得收入的形式，将一国人民划分为三个阶级：一是资本家，二是地主，三是工人。他认为国民收入是由这三个阶级构成，或者是由他们衍生而形成的。与这三种阶级相对应的三种收入形式为：利润、地租和工资收入。[①] 亚当·斯密的收入分配是建立在劳动价值论上面的，这种分配理论是二重的，因为这种价值论也是二重的，亚当·斯密较深刻地揭示了资本主义社会劳动生产关系的本质。

大卫·李嘉图在亚当·斯密已有的成果上进行了进一步的研究，他提出了社会的所有产品都是在资本家、地主和工人之间进行分配的，而利润、地租和工资是他们的基本收入形势。[②] 大卫·李嘉图提出了对应三种收入形式的利润理论、地租理论和工资理论，他与亚当·斯密的不同在于将分配的研究重点放在了剩余价值的分配问题上，他还对收入在各个阶级的分配的决定因素进行了考察，在定性研究的基础上进一步进行了定量研究。

2.3.1.2 新古典学派的分配理论

新古典的分配理论的代表有美国经济学家约翰·贝茨·克拉克（John Bates Clark）和英国学者阿尔弗雷德·马歇尔

① 亚当·斯密. 国富论［M］. 西安：陕西师范大学出版社，2006.

② 大卫·李嘉图. 政治经济学及赋税原理［M］. 北京：商务印书馆，1976.

(Alfred Marshall)。新古典的分配理论的假设前提为市场是完全竞争的，那么收入的分配就取决于各种生产要素对生产过程的边际贡献。约翰·贝茨·克拉克侧重于边际生产率在收入分配中的重要性，他在前人的研究基础上，提出了边际生产率分配论。他的研究结合了生产要素论、边际效用论和生产率递减规律三大理论，认为任何一种生产要素的回报率应该等于最后增加一单位的该生产要素所带来的产品的增加。“在其他要素不变的情况下，任意生产要素每增加一单位将会带来边际产品产量的递减。”① 他将资本的利息、土地的地租和工人的工资作为各种生产要素的报酬。阿尔弗雷德·马歇尔将研究收入分配的重点放在均衡价格上。约翰·贝茨·克拉克认为，边际生产率是工资、利息等分配形式的唯一决定因素，而阿尔弗雷德·马歇尔认为，还应有其他因素共同决定，包括需求、原料成本以及边际生产率等。② 由此，阿尔弗雷德·马歇尔在收入分配得研究中跨出了一大步，生产要素价格论也成为后来经济学者对收入分配研究传承的主流理论。

2.3.1.3 凯恩斯学派的分配理论

约翰·梅纳德·凯恩斯（John Maynard Keynes）认为经济增长源于国民收入的分配，他提出，资本主义经济中有效需求不足是一种常态，古典学派所认为的经济长期均衡增长状态是不存在的。他将工资分为两种形式，货币工资和实际工资，由于存在菜单成本等因素，货币工资刚性使得市场不能出清。凯恩斯的观点与传统的分配理论不同，他认为由于分配不公平造成的有效需求的不足，进一步影响了劳动力市场的不均衡，要实

① 约翰·贝茨·克拉克. 财富的分配［M］. 邵大海，译. 海口：南海出版社，2007.

② 阿尔弗雷德·马歇尔. 经济学原理［M］. 王威辉，译. 北京：人民日报出版社，2009.

现高效率的经济增长就必须解决收入分配问题。[①] 他的观点与古典学派的市场会自动实现均衡不同，他提出要依靠政府的力量来解决市场在收入分配中的缺陷，应该采取国家干预的形式，从宏观上制定合理的政策措施对收入分配进行调控。

2.3.1.4 福利经济学的分配理论

福利经济学认为某国或者某地区的经济发展的目的应该是提升全国或该地区的总体福利，而收入分配的差距大大降低了总体福利水平，只有收入分配的均等化才是促进社会总体福利最大化的有效途径。该学派的研究者认为，同生产的边际生产率递减规律一样，货币的边际效用也是随着货币的增加而递减的。当富人的收入越来越多，货币的边际效用就会越来越低；而穷人由于收入较少的缘故，货币收入带来的边际效用就会很高。因此，如果将富人的收入转移一部分给穷人，那么富人减少的边际效用将会小于穷人增加的边际效用，那么整个经济的总效用将会增加，从而使社会福利得到有效提高。因此，福利经济学注重对富人实行更高的税率，穷人则免除税收或者实行较低的税率，同时转移支付也是他们主张的调节收入分配的方式。

2.3.1.5 库兹涅茨的倒U型理论

1995年，西蒙·史密斯·库兹涅茨（Simon Smith Kuznets）经过对欧美地区十多个国家的历史数据进行分析研究，得出这些国家的收入分配往往是在工业发展的初期开始恶化，然后随着经济的发展有所缓和改进。这种先恶化，后改进的趋势不仅出现在各国的经济发展过程中，在同一时期，不同经济发展水平的各国也有同样的趋势，发达国家比发展中国家具有更小的

① 约翰·梅纳德·凯恩斯. 就业、利息和货币通论［M］. 北京：商务印书馆，2005：18-36.

收入差距。他将这种收入分配的变化轨迹总结为，“在工业化的初期，经济增长速度加快，也带来了收入分配的不平等加剧；在工业化的后期阶段，经济增长速度有所下降，收入不平等也有所缓和，然后开始降低”①，这就是著名的库兹涅茨假说。在坐标轴上表示，若我们用纵轴表示收入分配不平等程度，横轴表示经济发展水平，则库兹涅茨假说在图形上呈倒“U”的形状，因而被称为库兹涅茨倒U型曲线，如图2-4所示。该曲线说明了：在经济发展的过程中，随着国民收入的增加，收入分配不平等状况一般会经历先恶化而后缓和，再下降得到改善的趋势，最终达到较公平的收入分配情况，呈倒U型的状态。

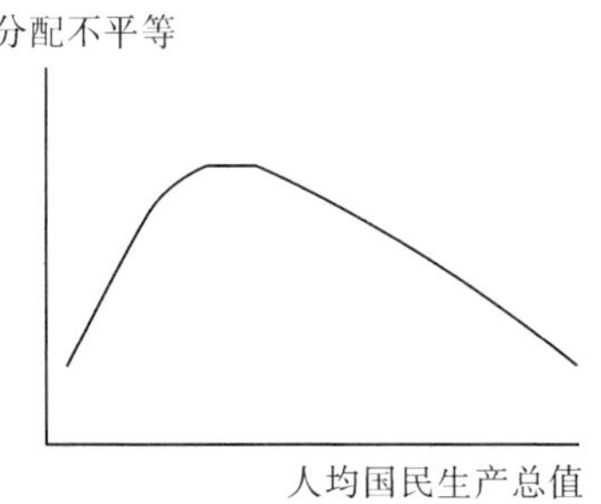

图2-4 库兹涅茨倒U型曲线

库兹涅茨认为，一国经济的发展存在着多种因素会加剧收入分配不平等，这些因素有：①资本集中在少数富人手中，除了消费之外剩余的资本可以通过投资、储蓄等多种途径获得报酬，使得这些富人付出较少的劳动就能获得高额的收入，而穷人主要靠劳动力获得微薄的收入，较少有机会获得其他财产性收入。②由于工业和农业的生产率差异，在城镇工作的劳动力

---

① Simon Smith Kuznets. Economic Growth and Income Inequality [J]. The American Economic Review, 1955 (1): 1-28.

能获得较高的收入，而农村地区由于生产力的落后，除了自给自足之外，销售农产品的收入十分有限。这些因素通过累积效应加剧了收入的不平等，然而，库兹涅茨认为，经济中还存在一些抑制因素使得这种差距得以缓和。这些因素是：①法律和行政干预。由于收入差距过大会成为社会不稳定因素，于是政府会采取遗产税、累进所得税等措施来抑制收入分配差别扩大的趋势；或者通过财政转移支付提高穷人的收入，缓和社会矛盾。②人口结构变化。人口增长率在中等收入和低收入人群的人口增长率一般较高，而高收入阶层中则有下降趋势，由此，高收入阶层慢慢减少，也缓和了收入不平等的恶化趋势。③产业结构调整。随着知识经济的到来，新兴产业不断涌现，而这些高技术产业的收入增长速度一般快于传统行业，那么在传统行业中收入较高者的比例就将越来越少，收入比例中来源于新的产业的比例增加抑制了收入的不平等。由于上述因素的共同作用，也使收入差距会呈现出先扩大后缩小的倒 U 型轨迹。

库兹涅茨倒 U 型曲线提出后受到了学术界的广泛关注，很多学者都进行了深入研究，在学术界存在着不同看法，有支持也有质疑的。一些学者的研究成果证明了库兹涅茨假说是成立的。阿德尔曼等（1973）通过对 43 个国家的数据资料进行研究，结果发现在落后的农业经济中，收入分配的差距一般不会太大，而在工业现代化发展迅速的国家收入分配的不平等现象会比较严重。他们实证分析说明了在这些国家中，只有 5%的富人的收入会显著增加，而 20%中等收入会有所下降，而 60%的低收入家庭的收入会出现大幅度的恶化。鲍克特（1973）通过对 56 个国家基尼系数的研究发现，各国的基尼系数变化与人均 GDP 之间存在先上升后下降的关系。这些国家的收入分配差距最大的点在人均 GDP 为 200~300 美元时，当人均 GDP 达到 1 000~2 000 美元后，收入差距开始趋于缓和，当人均 GDP 超过2 000美元后，收入差距下降更加迅速。他们三位学者采用的数据多以截面数据为主，结果都支持了库兹涅茨假说的存在。由于截面数据采取的随机散点的平均法存在的缺陷，他们的方法也受到一些学者的质疑。

一些学者通过对1950—1960年韩国、印度、墨西哥、巴西、斯里兰卡等12国的经济增长进行分析，发现收入分配与经济发展水平之间并不存在有规律的变化趋势。他们中一些国家的收入分配在工业发展初期未发生恶化，反而出现了下降的趋势，如新加坡、巴基斯坦等国。韩国在1964—1970年间经济增长迅速，同时收入分配也并未恶化，反而保持不变。东南亚其他国家的经济发展与收入分配也存在与韩国类似的情况。但也有某些国家存在库兹涅茨所说的先恶化后好转的现象。因此，学者们的研究证明库兹涅茨假说并不是对任何国家、任何地区都适用的，这种变化规律可能仅出现在某些国家的经济发展过程中。

2.3.2 收入差距的衡量

收入分配不平等需要进行调控，而收入差距衡量是整个收入分配差距调节的出发点。其中常用的衡量方法有：洛伦兹曲线、基尼系数、恩格尔系数、泰尔指数等。

2.3.2.1 洛伦兹曲线

1905年，奥地利统计学家马克思·奥托·洛伦兹（Max Otto Lorenz）在研究收入分配时首次提出了洛伦兹曲线，主要用于分析工资、土地、财富的分配是否公平。在一个坐标轴上，横轴、纵轴分别表示人口和收入的累计百分比，在一个正方形内，沿着45度的对角线表示收入绝对平均分配，而处于对角线之下的则表示收入不平等的曲线。在经济发展某时期，将某地区的人口从贫穷到富裕分为若干等份，那么从收入最贫穷到最富裕的人口百分比和各自对应拥有的收入占该地区总收入的百分比在图上描出，形成一条在45度对角线以下的曲线。这条曲线弯曲程度越大那么说明该地区的收入不平等越严重，反之，则收入分配较平等，世界上几乎所有的地区的收入分配曲线都处于对角线以下。这种方法简单明了，迅速在世界范围内得到广泛应用。如图2-5所示，若某地区的收入分配绝对平等，那么洛伦兹曲线就是图中的对角线OL；若某地区的收入严重不平等，所有收入为一个人所拥有，那么洛伦兹曲线就是图中的折线OHL；而处于两者之间的分配方式对应的曲线介于该对角线和折线之间，并且曲线的曲率越大，表示收入越不平等。

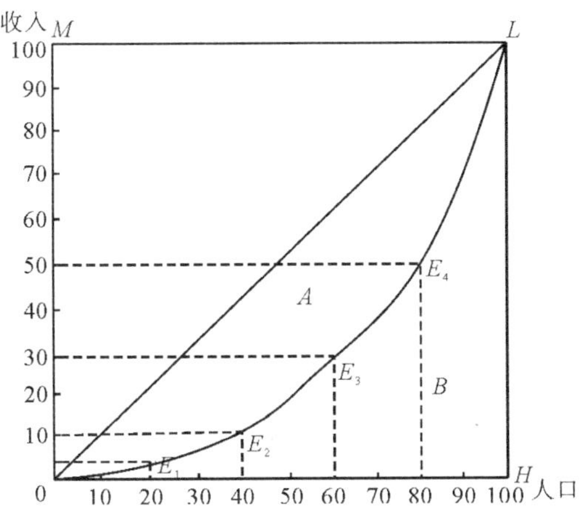

图2-5　洛伦兹曲线

2.3.2.2　基尼系数

美国经济学家阿尔伯特·赫希曼（Albert Otto Hirschman）在洛伦兹研究的基础上，提出了具体的数据量化收入不平等的指标，即基尼系数。如图2-5所示，不平等面积为A区域，即洛伦兹曲线与45度对角线之间的部分，用A区域占对角线以下的整个三角形的区域即A+B的总面积的比例表示收入分配不平等的程度。因此有：

基尼系数 $G = \frac{A}{A + B}$

若收入绝对平等，则 A 区域的面积为 0，基尼系数也为 0，若收入完全不平等，A 的面积也等于整个 A+B 的面积，此时基尼系数为 1。一般而言，基尼系数为 0~1，基尼系数越接近 0 则越平等，越接近于 1 表示越不平等。① 基尼系数的提出在世界范围内引起强烈反响，众多的学者用基尼系数衡量某地区的收入分配。

国内学者们对基尼系数的计算方法进行了深入研究，其中被广泛应用的是张建华（2007）提出的简易公式。首先将某地区的人口按照收入由低到高分为人数相等的 n 组，从第 1 组到第 i 组人口累积收入占总人口收入的比重为 W_i，洛伦兹曲线下方的面积 B 通过定积分分成 n 份等高的梯形面积之和的方式进行计算，基尼系数为：

$$G = 1 - \frac{1}{n}\left[2\sum_{i=1}^{n-1}(W_i + 1)\right]$$ ②

田卫民（2012）针对中国统计年鉴中，城镇和农村居民收入数据格式不一致的问题提出新的计算方法，为无论是等分还是非等分的基尼系数计算公式提供了口径一致的计算结果。他给出了新的基尼系数计算方式：

$$G = 1 - \frac{1}{PW}\sum_{i=1}^{n}(W_{i-1} + W_i) \times P_i$$

其中，P 为总人口，W 为总收入，W_i 为累积到第 i 组的收入。该公式避开了等分和非等分这一难题，只按居民收入进行

---

① Albert Otto Hirschman. The paternity of an index [J]. The American Economic Review, 1943 (5): 54-67.

② 张建华. 一种简便易用的基尼系数计算方法 [J]. 陕西农业大学学报, 2007 (3): 275-280.

分组，若已知每组的人数和收入，就可以计算基尼系数。①

一般而言，世界各国认为基尼系数小于 0.2 时该国的收入分配高度平均，达到 0.2~0.3 时为收入分配相对平均，为 0.3~0.4 时收入分配较为合理，当一国基尼系数超过 0.4 那么收入分配较不平等，需要政府进行调控，而当基尼系数大于 0.6 时，该国就存在不稳定的因素，可能发生动乱。

2.3.2.3 恩格尔系数

1950 年后，德国经济学家恩斯特·恩格尔（Ernst Engel）通过对比利时家庭消费情况的研究发现，家庭的消费结构呈现一定的规律性。贫穷的家庭购买食物的支出占总收入的比重较大，随着收入的增多，购买食物的支出占总收入的比重会逐渐下降，越富裕的家庭购买食物的支出占总收入的比重越低。他提出的这一带有规律性的原理，即恩格尔定律。在一个国家或者地区，居民越贫穷，那么他们平均用于购买食物的比例占平均收入的比例越大，反之，居民越富裕，购买食物的比例占总收入的比例越低。根据恩格尔定律恩格尔系数的计算公式为：

$$\text{恩格尔系数} = \frac{\text{购买食物支出金额}}{\text{支出总金额}} \times 100\%$$

恩格尔系数可以用于表示一国或者某地区，甚至家庭的生活水平的高低。一般而言，在其他条件不变的情况下，恩格尔系数越大，说明用于食物支出的所占比重越大，说明该国（地区或家庭）的整体收入水平越低，该国国民越贫穷，反之，则该国国民越富裕。

2.3.2.4 泰尔指数

1967 年荷兰经济学家泰尔（Theil）受到物理学的熵概念的

---

① 田卫民. 测算中国国民收入分配格局：1978—2006［J］. 财贸研究，2010（1）：8-16.

启发，提出了泰尔熵标准来衡量区域之间或者个人之间收入不平等程度，即泰尔指数。

假设 U 是某一特定事件 A 将要发生的概率，$P(A)=U$。这个事件发生的信息量 $E(U)$ 肯定是 U 的减函数。用公式表达为：$E(U)=\log 1/U$。当有 n 个可能的事件 1，2，…，n 时，相应的概率假设分别为 U_1，U_2，…，U_n，$U_i \geqslant 0$，并且 $\sum U_i=1$。

那么这些时间的期望值或者熵可以表示为：

$$E(U)=\sum U_i h(U_i)=\sum U_i \times \log 1/U_i$$

显然，n 种事件的概率 U_i 越趋近于$\frac{1}{n}$，熵也就越大。在物理学中，熵是衡量无序的标准。如果 U_i 被解释为属于第 i 单位的收入份额，$E(U)$ 就是一种反映收入分配差距不平等的尺度。收入越平均，$E(U)$ 就越大。如果绝对平均，也就是当每个 U_i 都等于$\frac{1}{n}$时，$E(U)$ 就达到其最大值 $\log_n$。泰尔将 $\log_n - E(U)$ 定义为不平等指数，也就是泰尔熵标准：

$$T=\log n-E(U)=\sum U_i \times \log U_i$$

为了表示国家之间或者地区之间的差异，泰尔指数可以用各地区的收入占总收入比值，除以人口占总人口比值，然后取对数的加权和，即：

$$T=\sum\left[\frac{I_i}{I} \times \log\left(\frac{I_i/I}{P_i/P}\right)\right]$$

T 为泰尔指数，I_i 是第 i 个地区的收入，I 为该地区的总收入，P_i 是地区 i 的人口，P 为该地区总人口。那么泰尔指数的范围即为 $T \geqslant 0$，泰尔指数越小表示区域间的差异越小。

2.3.2.5 城乡收入差距的衡量

对于城乡收入差距的衡量，学者们提出了各种方法。万广华（2008）[①] 提出了城乡收入差距的衡量可以分为绝对收入差距和相对收入差距两种指标，由于绝对收入差距受限于量的影响，一般较少采用。王艺明等（2010）提出城乡收入差距比、基尼系数、泰尔指数等均可以衡量城乡相对收入差距，国内学者使用最多的是城乡收入差距比：

$$\text{城乡收入差距比} = \frac{\text{城镇人均可支配收入}}{\text{乡村人均纯收入}}$$

也有学者提出了泰尔指数对于城乡收入差距衡量的优势。罗楚亮（2006）提出泰尔指数能更好地反映城乡居民收入的分布结构及动态变化。王少平等（2007、2008）也提出了泰尔指数比基尼系数能更好地反映城镇和乡村之间的收入差距变化。城乡收入差距的泰尔指数的计算方法如下：

$$\text{泰尔指数} = \frac{\text{农村收入}}{\text{总收入}}\ln\frac{\text{农村收入}/\text{总收入}}{\text{农村人口}/\text{总人口}} + \frac{\text{城镇收入}}{\text{总收入}}\ln\frac{\text{城镇收入}/\text{总收入}}{\text{城镇人口}/\text{总人口}}$$

2.4 城乡收入差距的相关理论

学者们大多从两个视角来研究城乡收入差距：一是围绕着经济发展和城乡收入分配的关系研究；二是就城乡收入差距本身的形成原因、影响因素及变化趋势等方面进行研究。国内学者的研究侧重于全国视角的城乡收入差距，而对于西部地区区

---

① 万广华. 不平等的度量与分解［J］. 经济学（季刊），2008，8（1）：347-368.

域性的特殊状况研究较少引起学者们的关注。

2.4.1 城乡收入差距趋势研究

从理论上讲，一个国家或地区居民收入分配不平等包括城乡之间、城镇内部和农村内部三种类型。但国内外学者们一致认为就中国的居民收入分配格局而言，存在比其他国家更大的城乡收入差距（Kahn & Riskin，2001；陈宗胜、周云波，2002）。而在影响收入分配不平等的因素中，城镇化是最重要的因素之一，并且城乡收入差距随着城镇化的推进呈现出先向上攀升后缓和下降的趋势（陈宗胜，1991）。由于城乡收入差距在我国收入差距中占有较大比重，因此，城乡收入差距的缩小有助于缓解我国整体收入分配不平等的矛盾。由于我国城镇化发展迅速，未来全国居民总体收入差距巨大的现状将会有所改善。

在实证检验方面，当前我国的数据是否支持这种倒“U”关系还存在分歧。王小鲁等（2005）利用我国1996—2002年的省级城乡收入基尼系数的面板数据来检验倒U型假说，发现其呈现出先向上攀升后缓和下降的趋势，存在库兹涅茨曲线，总体而言我国收入分配不平等仍在加剧。刘荣添（2006）运用我国30个省市的数据进行实证分析，证明了我国整体城乡收入差距与人均GDP之间存在库兹涅茨倒U型曲线的关系，但不同的省份的不平等程度有所差异。李志军和奚群（2012）运用数据进行实证研究发现，我国金融发展不仅与城乡收入差距之间存在倒U型关系，与城镇、农村各自的收入不平等也存在相同的倒U型关系。

也有经济学家对倒U型曲线在我国是否存在提出质疑。一些学者通过对我国一些省、县的历史数据进行分析，发现我国城乡收入差距并不满足倒U型假说（Khanetal，1992；李实，1993；赵人伟，1999）。在计算我国的基尼系数后，唐平

（2006）指出改革开放后城乡居民收入差距扩大速度虽有放缓，但基尼系数仍在不断扩大。王亚芬等（2007）通过对我国分省的年度数据进行分析，发现我国发达地区收入分配存在倒U型假说的关系，但城镇内部收入差距仍处于不断扩大阶段，不满足该假说。有经济学家提出现有的部分研究认为倒U型假说在我国不成立，是因为我国在较长一段时间内经济发展仍落后于发达国家，学者们选择研究的时间阶段仍是城乡收入差距扩大的阶段，当经济进一步发展，城乡收入差距的缩小将会有更有力的数据支持（陈宗胜，2002）。

2.4.2 城乡收入差距的影响因素

改革开放以来，由于我国城乡收入分配不公平长期存在，影响了我国经济的健康发展，学者们开始关注影响城乡收入差距的各种因素，试图解释我国的城乡收入差距的原因。

2.4.2.1 城镇化

苏雪串（2002）提出虽然城镇化在发展初期加速了城乡收入分配的平等，但在工业化发展到一定阶段后，我国的城镇化滞后也制约了农民收入的增加，阻碍了城乡收入差距缩小。陆铭等（2002）提出，由于城镇化的推进，农村居民向城镇居民身份的转变将会使得统计上的城乡收入差距有所扩大，但是农村人口向城镇迁移有助于降低城镇平均工资，也有利于提高农村的生产率水平。他们通过实证证明了我国城镇化有助于降低城乡收入分配不平等。城镇化与城镇倾向政策常常被许多学者综合讨论，同时纳入研究的框架，但二者对城乡收入分配的影响机制有较大差异。程开明等（2007）提出城镇化对城乡收入差距的影响机制有：一是由于城乡期望收入的差异导致农村人口向城镇迁移，城镇劳动供给增加，均衡工资迅速下降，由于农村劳动生产率的提高以及农村人均资源拥有量的增加，农村均衡工资开始上升；二是由于农村劳动力进城就业的收入增加，寄回农村的资金会有所增加，这些资金可以用于改善农业生产条件，提高农业生产效率，从而增加农民的收入；三是城镇的数量增加和规模扩张会增加对农产品的需求，促进农业的发展。由此，城镇化有助于缓和城乡收入分配的不平等。曹裕等（2010）通过对我国的省级数据进行实证分析，得出我国城镇化的推进缩小了城乡收入不平等的差距。

2.4.2.2　城市偏向政策

部分国外研究者站在城市偏向政策的角度对目前发展中国家出现的城乡收入差距巨大的问题进行了详细的研究。Schultz（1978）明确提出了他的观点，对于大部分的发展中国家来说，他们采用的城市偏向政策普遍是通过“剪刀差”的手段完成的，也就是说由政府出力去改变产品价格以及生产要素价格，并从农业中抽取剩余资源去补贴工业的发展。Wei（1997）认为中国，实行的金融系统在资源分配方面呈现出非常明显的城镇倾向。Park（2001）通过一些研究也发现中国实行的信贷政策很大部分都有着向国有部门或多或少倾斜的问题，因此进一步扩大了城乡的收入差距。对于这类问题，国内的部分学者也提出了类似的观点。由于存在的工农产品的“剪刀差”现象和很多对于农村地域明显歧视的制度安排，使得产生的农业剩余逐渐转为非农产业资源（Yang，1999）。然而也有一部分的学者提出，早在1985年我国的农产品收购价格上调的幅度便超过了农村工业品零售价格，所以存在的“剪刀差”问题并非造成城乡收入差距大的主因（王德文、何宇鹏，2005）。李实（2003）提出了自己的观点，由于目前政府采取的税费征收标准不尽合理，并且存在的城乡劳动力的划分不均，以及在社会福利和保障方面向城镇倾斜，这些现象对城乡收入差距的增大起到了推波助澜的作用。陆铭等（2004）提出，影响1987到2001年出现的城乡收入差距大的因素有：开放经济、经济所有制调整以及政府对经济活动的干预。

对于那些向城镇倾斜的经济政策，财政支出起到的作用特别关键。从理论上来说，采用财政转移支付手段主要目的是为了减小城乡之间的收入差距。然而，鉴于目前存在的财政支出对城镇倾斜的问题，那么财政的收入再分配的作用就有待商榷。沈坤荣等（2007）根据对农村公共支出的研究，发现了公共支出对于城乡收入之间的差距有不小的贡献。他们认为：从整体上讲，农村公共支出有利于农村的经济发展，并且对农民收入的提高起到了一定的促进作用；但也存在制约农民收入增加的因素，包括投资支出信息不够透明，市场化程度低，监督管理也不到位，缺乏运行效率，阻碍了城乡收入差距的下降。陈安平（2009）通过对收集到的 1994 年分税制改革后财政分权相关数据对影响城乡收入差距的力度进行了一定的客观估算，结果表明虽然财政分权对当地的财政支出起到了推动增长的作用，但是并未明显加大城乡间的收入差距。与此同时，若地方政府能两者兼具，一方面努力维持着支出水平不断上涨，另一方面不断加大在科教文卫和支农等方面的支出比重，则有利于缩小城乡收入差距。王艺明等（2010）深入研究了支出结构对城乡收入差距的干预，结果表明：无论是科教文卫的支出还是基础建设的支出均扩大了城乡收入差距，然而对于支农支出来说，则刚好相反，缩小了城乡收入差距；根据对不同区域的调查与考证发现，由于财政支出具有城镇偏向，较多类型财政支出会加剧城乡收入分配不平等。

2.4.2.3 *劳动力流动与户籍制度*

就理论而言，劳动力在流动的过程中能够起到缩小城乡收入差距的作用。一些研究人士认为由于我国实行的户籍制度，严重地制约了劳动力的流动，并且较大地提高了流动成本，导致劳动力的流动规模大大降低，最终无法起到缩小城乡差距的作用，我国的户籍制度削弱了劳动力流动的积极性。王美艳（2005）在她的研究中发现，户籍的存在使得劳动力在城市市场受到歧视，导致劳动力无法找到相应的在正规部门的工作，进而自然也难以提高劳动力的平均报酬。陈剑（2009）也认为，城镇户籍是劳动者成功在高收入行业工作的敲门砖，若通过一系列的措施削弱这方面的非市场力量，打破进入这些垄断行业的壁垒，则能有效改善目前的不合理分配状况，缩小城乡收入差距。Whalley 等（2004）在他们的实验研究中发现，若是取消户籍制度，那么劳动力的流动性势必会改善，如今存在的收入不平等现象也会得以改善。但是上述的研究都是建立在户籍制度是阻碍劳动力迁移的唯一障碍的基础上的。但蔡昉（2008）认为，户籍制度并不是阻碍劳动力流动的唯一障碍，因为即便有户籍制度，劳动力流动也未因此而停止。

实践证明劳动力流动不仅仅从理论上可以降低城乡收入差距，我国的各省份数据也支持了该理论。2002 年社科院对全国流动人口的调查表明，人口迁移对收入分配有显著影响，虽然扩大了城镇内部收入差距，但对缩小全国城乡收入差距有着促进作用（李实，2008）。蔡昉（2009）认为，如今中国劳动力流动与城乡收入差距扩大的现象同时存在，的确有悖常理，他对劳动力流动和户籍制度改革之间的关系做了一系列的研究，对劳动力流动带给城乡收入差距的负面影响进行了逻辑上的解释。他认为主要的原因在于现有的统计制度是无法完全地覆盖所有人的。钟甫宁（2010）另辟蹊径，从统计制度的角度出发，给出了利用劳动力流动性缩小城乡收入差距的方法，换言之就是把对常住人口统计划分为现行收入统计。在整个劳动力的流动时候，居民身份必定会发生变化，进而促使人口进行重新分配，事实上那些身份发生转变的居民普遍是农村中较富裕的人，一旦划入城镇居民类别中，以他们所拥有的丰富的资源势必会扩大城乡收入差距。所以由于居民身份的转变，通过劳动力流动促进收入差距缩小不太现实。不仅如此，部分研究人士开始对劳动力流动能够缩小城乡收入差距的观点提出了自己的质疑。有学者将居民分为农村居民、农民工和城镇居民，并又具体将对农民工进行分类并归类：一类获得城镇户籍的农民工属于城镇居民，另一类未获得城镇户籍的农民工属于农村居民。理论推导显示：农民工阶层的出现在缩小城乡收入差距的同时也加剧了城镇内部和农村内部的收入不平等（钟笑寒，2008）。

2.4.2.4　人力资本

目前较多学者认为人力资本的差异是造成中国城乡收入差距扩大的重要原因（Secularetal，2007；陈斌开等，2009）。温娇秀（2007）通过对内生结构收入函数模型的研究，发现在研究城乡收入差距成因时教育不平等的因素常常被忽略了，并且伴随着经济的发展，它对加剧收入不平等的作用越来越明显。陈斌开（2010）利用2002年的CHIP数据，运用瓦哈卡—布林德的方法对其进行分解，得出教育水平差异确实导致了中国城乡收入差距的增大，其实际贡献率为34.69%。王奕艳（2005）研究农村劳动力在城镇就业的制约因素，发现农村劳动力参与城市公有单位工作十分困难，存在这种现象的主要原因是城乡人力资本差异。由于存在人力资本差异，在同一行业的工作人员的工资报酬也可能相差甚远。郭剑雄（2005）提出，目前出现的城乡收入差距问题的主要原因就是城乡经济增长源泉的差异性。究其根本，城乡收入差距扩大的原因孕育城乡人力资本与生育率的差异性。若不存在其他因素，生育率与城乡人力资本之间的差异越来越小，最终可以实现城乡收入的“绝对收敛”，虽然依然存在着城镇偏向政策等因素，但是通过降低农村生育率和提高人力资本也能实现最终的城乡收入的“条件收敛”。

2.5 国内外文献综述

2.5.1 国外城镇化与城乡收入差距的关系研究

国外学者在城镇化与城乡收入差距的问题上已经进行了深入研究。Tsui（1994）利用时间序列数据和 Solow 增长模型进行分析，结果表明我国 1978—1993 年的区域发展不平衡，不仅仅存在于沿海与内陆之间，在我国的城乡间表现得更加明显。Lipton（1997）通过研究发现，正是由于发展中国家在城镇化进程中实施的城市偏向的经济政策，造成资源配置的不平衡和收入差距的扩大。Carter（1997）则认为，由于农产品价格被强制压低导致的“剪刀差”效应是扩大城乡收入差距的一个主要原因；另外，由于农民自身教育水平较低，难以胜任城镇其他高收入的工作，导致涌向城市的人口数量降低，成为扩大城乡收入的一个原因。Li（2002）通过实证分析，较为全面地研究了多种导致城乡居民收入差距扩大的原因，发现户籍制度可以解释其中的28%的原因。Zhang（2003）通过实证研究发现，我国城镇与乡村的收入差距的主要原因是劳动力在城乡之间流动，而城镇化与其关系并不明显。Sumon（2004）提出由于城镇与农村生产生活条件的差异，农村居民获取信息的范围远远比城镇居民小，使得更多的资源被分配到城镇居民中，而城乡居民收入差距越来越大。Somik 等（2006）提出由于城乡收入水平的差异，劳动力必然会朝着城镇流动，这样的转移对于整个经济的发展是有利的。对于推进城镇化能否减少贫困，Panudulkitti（2007）从理论分析中得出，最佳的城镇化水平能有效减少贫困，同时，他还通过用实证检验得出，推进城镇化进程可以帮助不同地区的贫困居民进行不同程度的脱贫。Albrecht（2009）则侧重于经济结构变化与市场经济水平提高等方面的研究，他通过研究发现，改革开放以来，我国市场经济得到了迅速发展，在此期间，经济处于快速增长阶段，经济结构发生了巨大变化，城镇与农村生产率差异越来越明显，导致了更为严重的城乡收入差距。Nguyen（2012）通过对越南的微观数据进行分析发现，城镇化与贫困之间存在密切关系，城镇化的加快会提高农村家庭的实际收入，同时也会影响到他们的日常消费，据相关调查数据表明，城镇化水平每提高1%，农村家庭的实际收入会随之提高0.54%，而人均支出则增长0.39%。

2.5.2 国内城镇化与城乡收入差距的关系研究

陆铭等（2004）通过对我国25个省（市、自治区）面板数据进行实证分析，得出城镇化水平的提高有利于缩小城乡收入差距。还有学者研究表明，城镇化与城乡收入差距存在稳定的长期均衡关系，他们相互影响、相互促进（姚耀军，2005；程开明、李金昌，2007）。许秀川等（2008）通过建立联立方程模型分析发现，工业化水平的提高有助于推进城镇化进程，但却引起了城乡收入差距恶化。郭军华（2009）通过对我国三大经济区域1978—2007年的分省年度数据进行协整检验分析发现，各经济区域的城乡收入差距与城镇化水平有着稳定的协整关系，但不同的区域的城镇化对收入差距的影响程度存在不同的差异。曹裕等（2010）认为城乡收入差距过大不利于经济的发展，这一问题可以通过推进城镇化来解决。陈晓毅（2010）的研究结果表明，城镇化对城乡收入差距有着负面的影响，但影响程度随着时间的推移而逐渐减弱。董敏等（2011）认为城镇化可以为农村剩余劳动力提供更多的工作以及创业机会，利用其辐射作用增加农民收入，从而缩小城乡收入差距；但政府的征地政策则降低了农民的财产性收入，导致城乡收入差距扩大。贺建清（2013）通过构建基于全国 31 个省市 1997—2010 年数据的面板数据模型，发现不同省市在城镇化进程中，居民城乡收入差距的缩小效果有较大差异，从东部到西部效果依次增强。李江涛（2012）的研究发现，空间关系对收入差距有一定的影响，城乡收入差距状况在相邻的省份之间有相同的发展趋势。王朝明等（2014）通过构建两部门经济模型分析城乡教育差距、城乡收入差距与城镇化的关系，发现城乡教育均衡有利于城镇化质量的提高，但阻碍了城镇化的推进速度，城乡收入差距的扩大对城镇化发展具有阻碍作用，两者的共同作用阻碍了新型城镇化的推进。赵永平等（2014）从城乡二元收入的理论模型出发，利用我国 2000—2011 年的省际面板数据考察了新型城镇化对城乡收入差距的作用，发现新型城镇化的推进有利于我国城乡收入差距的缩小。赵焘（2014）运用西部地区 1978—2012 年的省际面板数据，通过协整以及多元回归等方法对西部城镇化对城乡收入差距的关系进行分析，发现城镇化与城乡收入差距存在倒 U 型的关系，临界点在城镇化率为 35%时达到。

国外学者的相关文献为研究城镇化与城乡收入差距提供了重要的理论基础和经验借鉴，但由于研究对象的不同，将这些理论运用到中国时应注意结合我国的实际情况进行分析。国内学者的研究主要是围绕我国国情展开的，因此亦可为本书的研究奠定一定的基础，提供思路和方法。众多国内外研究表明，城镇化与城乡收入差距具有密切的关系，但是现有研究均未将区域差异这一因素考虑进去，这会影响结论的准确性。不同于以往将研究视角基于全国视角这一做法，笔者经过大量的调研与研究后发现，区域差异对于城镇化的发展具有较大影响，西部地区与东、中部地区自然环境、社会条件等不同，导致其城镇发展基础、城镇发展条件等都有很大差异。因此，研究过程中要切实结合西部地区的实际情况，全面系统地分析城镇化与城乡收入差距的关系，在此基础之上提出具有针对性的城镇化发展政策建议。笔者力图弥补现有研究的不足，综合考虑西部地区的现实情况，全面分析西部地区城镇化与收入差距的态势与问题，并利用西部12个省份的面板数据进行实证检验，然后利用计量结果分析两者间的关系，使结论更加准确，提出的建议也更具有针对性。

2.6 本章小结

本章笔者首先从城市化与城镇化的概念界定出发，梳理了国外不同的学者及不同学科对城市化的定义，总的看来，城市化即人口从农村向城市集中，第一产业向第二、三产业转换的过程。城镇化是我国学者提出的始于城市化而又不同于城市化的一个新词，他们认为在我国小城镇居多的情况下，城镇化包含和侧重了更有潜力的县域城镇，使用城镇化比使用城市化更加综合、全面、更切合实际情况。新型城镇化是具有中国特色的城镇化实践道路，更加强调以人为本、城乡统筹、集约低碳的城镇化道路。其次，笔者系统梳理了国外学者们关于城镇化发展的理论基础，主要包括：区位理论、二元结构理论、增长极理论、中心—外围理论和人口迁移理论等，这些理论分别从不同的视角对城镇化现象进行了考察和论证。虽然国内外学者对城镇化的衡量未形成一个统一的城乡划分标准，但笔者就常见的划分法——人口总量法、土地利用比重法、非农就业结构法、行政建制法和人口比重法等进行了梳理。

就收入分配理论发展而言，随着经济学家对其研究日渐深入，也得出了许多的研究成果，西方学术界对于收入分配理论研究的主要流派有：古典学派分配理论、新古典学派的分配理论、凯恩斯学派的分配理论、福利经济学的分配理论等。库兹涅茨倒U型曲线提出后受到了学术界的广泛关注，国内外许多学者都对其进行了深入研究，在学术界存在着不同看法，有支持也有质疑。学者们的研究证明库兹涅茨假说并不是对任何国家、任何地区都适用的，这种变化规律可能仅出现在某些国家的经济发展过程中。收入分配不平等需要进行调控，而收入差距衡量是整个收入分配差距调节的出发点。本章笔者梳理了常用的衡量方法：洛伦兹曲线、基尼系数、恩格尔系数、泰尔指数等。

在总结收入差距衡量方法的基础上，笔者在本章分析了国内外对城乡收入差距的研究趋势，学者们一致认为就中国的居民收入分配格局而言，存在比其他国家更大的城乡收入差距。由于城乡收入差距在我国收入差距中占有较大比重，因此，城乡收入差距的缩小有助于缓解我国整体收入分配不平等矛盾。由于城镇化是影响城乡收入差距的重要因素，随着我国城镇化发展迅速，未来全国居民总体收入差距巨大的现状将会有所改善。在实证检验方面，当前我国的城乡收入差距数据是否支持库兹涅茨倒U型曲线关系还存在分歧。学者们对影响我国城乡收入差距的各种因素进行了深入研究，主要包括城镇化、城市偏向政策、劳动力流动与户籍制度、人力资本等因素。

最后，笔者总结了国内外学者关于城镇化与城乡收入差距关系的研究成果，众多国内外研究均表明，城镇化与城乡收入差距具有密切的关系。国外学者的相关文献为本书提供了重要的理论基础和经验借鉴，但由于研究对象的不同，对于我国的研究也应结合我国的实际情况进行分析。国内学者的研究主要侧重于全国视角，较少考虑我国西部地区与东、中部地区的自然地理条件和经济发展基础等差异。

3 国外城镇化进程与收入差距缩小的经验与启示

他山之石，可以攻玉。世界各国经过多年的发展，探索出了各种缩小城乡收入差距的发展模式，本章通过追溯国外城镇化的历程、规律、经验与教训，总结了美、日、韩等发达国家发展过程中缩小城乡收入差距的经验与启示，以期为我国西部地区新型城镇化推进和缩小城乡收入差距起到一定的借鉴作用。

3.1 国外城镇化发展历程

3.1.1 国外城镇化的起源

虽然城市在至少五千年前就已经随着以手工业与农业相分离为标志的第二次社会劳动大分工而出现，但大部分国内外学者们认为世界城镇化进程始于工业革命，工业化的发展是城镇化的根本动力，率先实现工业化的发达国家引领了全球的城镇化进程。

美国经济学家阿瑟·奥沙利文（Arthur O'Sullivan）认为，虽然公元前3000年到公元前2000年期间，世界范围内的城市已经发展迅速，但那时农业仍是全球的主导，农业生产率较低和交通不便限制了城镇化的推进速度。到1800年，世界平均城镇化率仅有3%，由于工业化的发展，到1970年，世界城镇人口已经增长到占总人口的近40%。[①] 美国社会学家巴巴拉·菲利普斯（E. Barbara Phillips）提出，在人类发展历史中，存在较长时间的城市不断增长，而城市人口占总人口的比例却未能增加的现象，因此，她认为直到19世纪，世界才真正地进入了城镇化时代。国内学者们也基本认同19世纪世界城镇化进程才正式开始的说法。谢文蕙（1981）[②] 提出，虽然世界范围内的大城市存在远早于19世纪，并且也是社会的政治、经济、文化、军事的中心，但那时世界范围的人口仍基本居住在农村，并且受到农业生产落后的束缚，城市的规模有限，发展速度也停滞不前。18世纪60年代后，伴随着工业革命的到来，大规模的机械化生产使得生产力水平大大提高，人口和资本开始向城市集中，商业、服务业迅速发展，城市如雨后春笋般迅速发展起来。

工业革命的到来，改变了制造业的生产水平，也大幅度提高了农业的劳动生产率，火车、轮船、汽车等交通工具的发明对城市的发展起到了重要的推动作用。随着工业化进程的加快，工业、农业、交通和建筑等领域的变革使得城市的发展进入了一个历史新阶段。

3.1.2 国外城镇化的发展阶段

世界城镇化的发展主要起源于18世纪60年代，经过两百多年的发展，世界各国经历了工业化、城镇化和现代化，国内学术界一般将国外城镇化的发展分为起步、发展和发达三个阶段。

① 阿瑟·奥沙利文. 城市经济学（第四版）［M］. 北京：中信出版社，2002.

② 谢文蕙，邓卫. 城市经济学［M］. 北京：清华大学出版社，1996.

3.1.2.1 起步阶段（1760—1850 年）

18 世纪 60 年代以来，第一次产业革命在英国兴起，除英国外，世界其他国家的传统农业经济占社会主导地位，世界城镇化进程十分缓慢。联合国数据显示，从 18 世纪到 19 世纪初，世界平均城镇化率维持在大约 5%～6%，19 世纪中叶，世界城镇化率仍仅为 6.3%。工业革命的发生，使得英国在 18 世纪 60 年代成为全球首个工业化国家，英国的城镇化进程也随之开始。此后，英国城镇规模迅速扩张，城镇人口不断增长，城镇数目也越来越多。到 1750 年，英国人口达到了 130 多万，城镇人口占总人口比例接近 17%。19 世纪初，英国城镇人口已达到 350 多万，城镇化率达到 34%，经过几十年的发展，19 世纪中叶，英国城镇人口首次超过农村人口，达到 1 120 多万，成为全球首个实现城镇化的国家。

3.1.2.2 发展阶段（1850—1950 年）

1850 年以后，随着工业革命扩散到世界各地，当时的世界主要资本主义国家陆续进入了以电气化为主要特征的工业生产时代，重工业逐步取代轻工业成为支撑发达国家经济发展的主导产业。率先完成工业化的国家有英国、法国、德国、美国等。第一次产业革命极大地推动了生产力的发展，1850—1950 年，欧美国家的城镇化进程迅速推进，人口大规模地向城镇集中，形成了较成熟的城镇布局和城镇体系，城镇化率也从 10%左右迅速上升到了 50%以上，从而使得城镇人口比重超过了农村人口比重，标志着西方主要资本主义国家实现了城镇化。1950 年左右，世界城镇人口达到 7.45 亿，平均城镇人口比重达到 29.4%，而这一时期也成为发达国家城镇化发展的黄金时期，发达国家平均城镇化率达到 54.5%，基本实现了城镇化，英国城镇化水平达到 79%，依然保持领先，同时，其他国家也各自实现了城镇化，如美国为 64%，加拿大为 61%，法国为 55%，瑞典则达到了66%。在二战后，日本经历了短暂的恢复，城镇化率保持着35%的水平，明显落后于其他发达国家。而此时，发展中国家的城镇化水平远远落后于发达国家，在20世纪中叶，发展中国家的平均城镇化水平仅为17.6%。

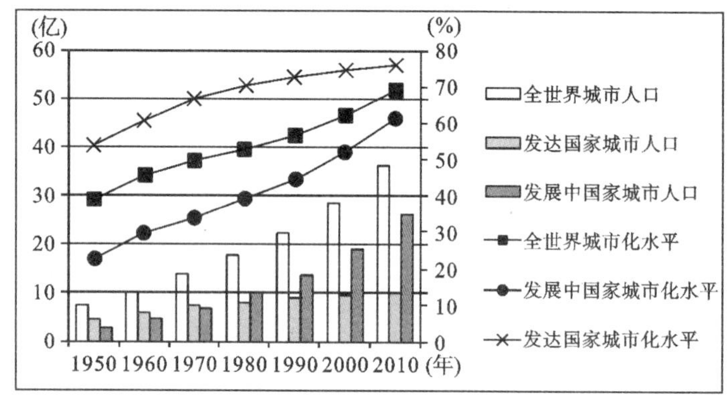

图3-1　1950—2010年世界城镇化率变化

3.1.2.3　发达阶段（1950年至今）

20世纪50年代以来，第三次产业革命在英、德、美、法等发达国家兴起，其主要标志是逐步向信息化发展，表现为以重工业为主导向信息化高新技术产业为主导转变，同时也标志着其步入信息经济时代，城镇化速度随之迅速提升，如表3-1所示。此时，欠发达国家也进入工业化阶段，为全球城镇化发展贡献了重要的力量，城镇化逐步在全球普及。截至2016年年底，世界城镇人口已有41亿，城镇人口比重达到67%，发达国家的平均城镇人口比重从1950年的54.4%增长到81%，欠发达国家的平均城镇人口比重也从1950年的17.6%增长到61%，年均增长率高于发达国家。而我国的城镇人口比重为57.5%，远低于发展中国家的平均值。①

表 3-1　1950—2016 年全球主要国家城镇化水平

年份	1950	1960	1970	1980	1990	2000	2005	2010	2016
美国	64.2%	70.0%	73.6%	73.7%	75.3%	79.1%	79.9%	80.8%	81.9%
英国	79.0%	78.2%	77.1%	78.4%	78.5%	78.7%	79.9%	81.3%	82.9%
德国	68.1%	71.4%	72.3%	72.8%	73.1%	73.1%	73.4%	74.3%	77.2%
法国	55.2%	61.9%	71.1%	73.3%	74.1%	75.9%	77.1%	78.3%	79.9%
意大利	54.1%	59.4%	64.3%	66.6%	66.7%	67.2%	67.7%	68.3%	69.9%
西班牙	51.9%	56.6%	66.0%	72.8%	75.4%	76.3%	77.3%	78.4%	79.8%
澳大利亚	77.0%	81.5%	85.3%	85.8%	85.4%	87.2%	88.0%	88.7%	85.8%
加拿大	60.9%	69.1%	75.7%	75.7%	76.6%	79.5%	80.1%	80.9%	81.3%
俄罗斯	44.1%	53.7%	62.5%	69.8%	73.4%	73.4%	73.5%	73.7%	74.2%
日本	53.4%	63.3%	71.9%	76.2%	77.3%	78.6%	86.0%	90.5%	93.5%
韩国	21.4%	27.7%	40.7%	56.7%	73.8%	79.6%	81.3%	81.9%	81.6%
中国	11.2%	16.2%	17.4%	19.4%	26.4%	36.2%	42.9%	49.7%	57.5%
巴西	36.2%	46.1%	55.9%	67.4%	73.9%	81.2%	82.8%	84.3%	86.0%
印度	17.0%	17.9%	19.8%	23.1%	25.5%	27.7%	29.2%	30.9%	33.2%
南非	42.2%	46.6%	47.8%	48.4%	52.0%	56.9%	59.5%	62.2%	65.3%
阿根廷	65.3%	73.6%	78.9%	82.9%	87.0%	89.1%	90.1%	91.0%	91.6%

数据来源：根据联合国人口司经济和社会事务部历年公布数据整理而来

3.1.3　国外城镇化发展道路

国外城镇化发展经历了上述的三个阶段，笔者选取具有典型代表性的英国、美国、日本和巴西的城镇化发展道路进行进一步的分析。

3.1.3.1　英国城镇化道路

作为全球首个实现工业化的国家，英国从 18 世纪 20 年代开始就保持了世界领先的综合国力，工业革命始于该国，它也是全球城镇化道路的探索者。英国是世界上首个实施社会保障和

① 资料来源：United Nations, Department of Economic and Social Affairs, Population Division: World Urbanization Prospects, the 2014 Revision.

实现郊区城镇化的国家，也是首个通过制定相关城市规划法实现建立田园城市目标的国家。作为城镇化的先行者，英国为我们提供了丰富的学习借鉴经验。

（1）城镇化起步阶段（1750—1850 年）。

1750 年后，随着工业革命的扩散，农业生产率也大幅提高，大量农村人口脱离土地进入城镇，乡村地区大农场的逐步兴起促进了人口向城镇的转移。如表 3-2 所示，1750 年，英国城镇总人口为 130 万人，城镇人口比重仅为 17%。1760 年后，英国经济发展速度加快，由于工业化的推进，到 1800 年，英国城镇人口已达到 354 万人，城镇化率达到 33. 8%。由于工业的发展，人口加速向城镇集中，一批小城镇逐渐发展成为大城市，伦敦、伯明翰、曼彻斯特、利物浦、格拉斯哥、利兹、谢菲尔德等城市的规模迅速扩大，发展成为大都市。由于公路、铁路和水运更加发达，交通运输成本大大降低，新兴工业随之兴起，各大、中、小城市之间形成了有机的城市网络体系，区域城市群在英国各地开始显现。截至 1850 年年底，英国城镇人口达到 1 124 万人，占总人口比重达到 54%，至此，英国基本实现了城镇化。

表 3-2　　英国的城镇化发展历程

年份 \ 城镇化	总人口（万人）	城镇人口（万人）	城镇化率（%）
1750	766	130	17. 0
1801	1 050	354	33. 8
1831	1 626	720	44. 3
1851	2 082	1 124	54. 0
1871	2 607	1 700	65. 2
1901	4 146	3 192	77. 0

表3-2(续)

年份 \ 城镇化	总人口（万人）	城镇人口（万人）	城镇化率（%）
1931	4 607	3 598	78.1
1950	4 982	3 935	79.0
1970	5 483	4 227	77.1
2000	5 967	4 696	78.7
2005	6 052	4 835	79.9
2010	6 200	5 040	81.3
2014	6 451	5 309	82.3
2016	6 564	5 442	82.9

数据来源：根据联合国人口司经济和社会事务部历年公布数据整理而来

（2）城镇化发展阶段（1850—1900 年）。

19 世纪 50 年代后，随着工厂规模的扩大，英国工业发展日趋集中，农村小工业随之衰落，农村和城市的分工也更加明确，农业人口更多地向城镇转移，城镇化速度也随之加快，城镇人口比重显著提高。如图 3-2 所示，1900 年，英国城镇人口已经达到 3 192 万人，城镇人口比重达到 77%。一批新型工业城镇也开始在这一时期迅速增长，从 19 世纪中叶到 20 世纪初，工业重镇利物浦的人口增长了 29 万，而伯明翰的人口增长了 32.8 万。这一时期，英国形成了以伦敦城市群为代表的六大城市群，到 1900 年，六大城市群的城镇人口已占英国总人口的 52.8%，城市群的形成对于英国城镇化进程的演进有着重要的推动作用。

（3）城镇化发达阶段（1900 年以来）。

进入 20 世纪，英国已经进入城镇化发达阶段。由于受第二次世界大战的影响，20 世纪上半叶，英国的城镇化水平有所波动，但几乎没有变化。如图 3-2 所示，二战后，英国出现了一

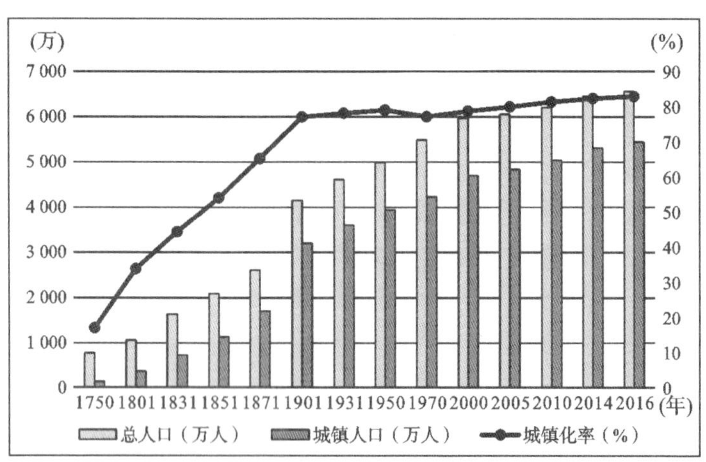

图 3-2　1750—2016 年英国城镇化发展趋势

段时间的城镇化率下降的时期，1931 年英国城镇人口为 3 598 万人，城镇化率为 78.1%，1950 年，英国城镇人口达到 3 935 万人，占总人口比重的 79%，到 1970 年，英国城镇人口虽然达到 4 227 万人，城镇化率却有所下降，仅有 77.1%。20 世纪后半叶，英国城镇化水平几乎停滞不前，2000 年，城镇化率仅有 78.1%。进入 21 世纪，英国城镇人口增长缓慢，截至 2016 年年底，英国城镇人口比重为 82.9%，城镇化质量仍名列世界前茅。在田园城市的理念下，英国城市文明不断提高，完善的社会保障体系实现了城乡无差别全覆盖，教育制度及基础设施也实现了城乡均等化，城乡差别逐渐消失。

3.1.3.2　美国的城镇化道路

（1）城镇化起步阶段（1790—1850 年）。

如表 3-3 所示，美国的城市形成开始于 17 世纪初的欧洲移民，而城镇化道路则开始于 18 世纪末期，受自然和地理因素影响，美国的城市早期偏向于东部港口城市，如纽约、波士顿、费城等。由于工业革命的到来，工厂制度的确立和铁路公路等基础设施的逐步完善，为农村人口城镇化创造了良好的条件，城镇人口从1790年的20万人、城镇人口比重5.1%，上升到了1860年的城镇人口620万人、城镇人口比重19.8%，从此，美国城镇化开始加速发展。在本阶段，美国城镇水平也存在区域发展不平衡，东北部地区的繁荣和西部地区的落后形成强烈反差，统计数据显示，1860年东北部地区的城镇人口比重为35.7%，远远高于全国平均值，西部地区则还未起步。

表3-3　　美国的城镇化发展历程

年份＼城镇化	总人口（万人）	城镇人口（万人）	城镇化率（%）
1790	390	20	5.1
1800	530	30	6.1
1810	720	50	7.3
1830	1 290	110	8.8
1850	2 330	350	15.3
1860	3 140	620	19.8
1870	3 980	990	25.0
1880	5 020	1 420	28.2
1900	7 610	3 020	39.6
1910	9 240	4 200	45.7
1920	10 650	5 420	50.9
1930	12 310	6 900	56.2
1940	15 170	7 440	56.3
1950	15 170	9 650	63.6
1960	17 930	12 530	69.9
1970	20 320	14 930	73.5

表3-3(续)

年份 \ 城镇化	总人口（万人）	城镇人口（万人）	城镇化率（%）
1980	22 650	16 710	73.7
1990	24 962	18 700	75.3
2000	28 222	22 320	79.1
2005	29 552	23 612	79.9
2010	30 935	24 995	80.8
2014	31 886	25 955	81.4
2016	32 276	26 759	82.9

数据来源：根据联合国人口司经济和社会事务部历年公布数据整理而来

（2）城镇化发展阶段（1850—1950 年）。

19 世纪下半叶，美国开始了第二次工业革命，内燃机、电动机等新技术的广泛应用使得美国工业化进程加速发展，城镇化水平也迅速提高。工厂城镇在美国发展的速度很快超过了英国，工业化给美国带来了深刻的变化，将这个以农村为主的国家变成了大城市遍地开花的地方。受益于外来移民的迅速增长、本国消费水平的快速提升和欧洲的投资，美国大规模的工厂开始在城镇集中，制造业蓬勃发展，美国城镇化发展迅速，短短 50 年间，城镇人口从 1870 年的 990 万人提升到 1920 年的 5 420 万人，城镇化率也从 25%迅速提升到 50.9%，如图 3-3 所示。在西进运动和西部开发的带动下，美国西部城市开始有了较快发展，洛杉矶、旧金山等一批大中城市迅速崛起，美国各区域的城镇化差距逐步缩小，不平衡的态势有所缓解。虽然城市人口在本阶段有了较大的提升，但随着交通的发达，汽车取代了其他运输工具成为人们最主要的交通工具，美国部分城市人口开始向郊区扩散，人口郊区化成为一种趋势。随着城镇化的推进，美国的城镇体系也随之形成，城市密度大幅度提高，城市功能不断完善，各种综合性的城市和专业性的城市相结合，城市间分工合作、紧密联系，到20世纪中叶，美国已经基本实现了城镇化。

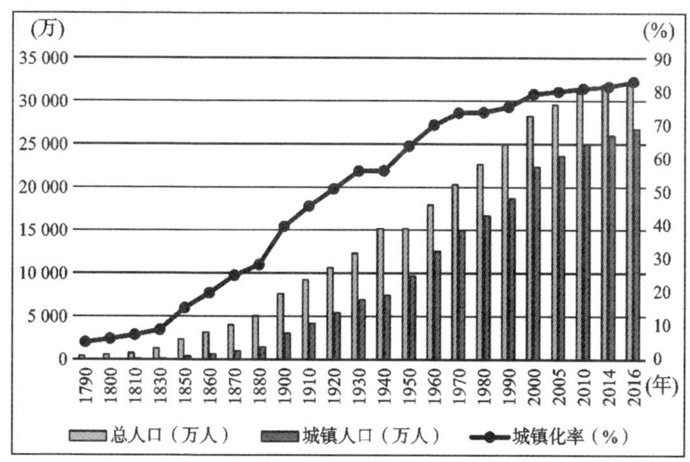

图 3-3　1790—2016 美国城镇化发展趋势

（3）城镇化发达阶段（1900 年至今）。

1950 年后，美国的经济结构发生了重大变化，服务业的就业人数迅速增长，其产值也迅速超过工业。在随后的半个世纪里，美国超过欧洲其他国家成为全球经济最发达的国家。信息技术的发展和知识经济的到来使得高新技术和服务业在经济中的比例快速提升，对城市人口和空间布局产生了重要影响。如图 3-3 所示，1950 年，美国城镇人口为 9 650 万人，截至 2016 年年底城镇人口增长到 32 276 万人，城镇人口比重也从 63. 6%攀升到了 82. 9%。这一阶段，美国城镇化推进的主要特点为“大都市化”和“逆城市化”。大都市化即在一个国家或地区以某一个或几个经济较为发达的城市区域发展为核心，带动周围地区的发展，并对区域经济的发展产生重大影响。这一时期美国形成了以纽约、华盛顿、波士顿等大城市为核心的东北部大西洋都市区，和以旧金山、洛杉矶、拉斯维加斯等为中心的西部大都市区，这些地区的发展对美国经济增长产生了重要影响。20 世纪 80 年代前，由于城市人口膨胀造成的交通堵塞、环境污染、住房紧张等“城市病”开始显现，城市人口开始向郊区或者卫星城市迁移，出现“逆”城市化，即城市人口郊区化，随后更多的企业和工厂也开始向经营成本较低、环境质量更好的郊区迁移。20 世纪 80 年代以后，主城区环境的改善，以及石油价格上升导致交通成本上升，部分郊区的居民又开始回到城镇，产生了“再城市化”的现象。

3.1.3.3 日本的城镇化道路

（1）城镇化起步阶段（1860—1950 年）。

19 世纪 60 年代前，日本的国民经济发展主要依靠农业，农业就业人数占全部就业人数接近 90%，城镇化率不到 10%，全国性的大城市为数不多。直到 1868 年，日本开始了明治维新，政府政策以鼓励工业为主，大量农村剩余劳动力向城镇转移，推进城镇化的大幕正式拉开，到 1920 年，日本城镇人口比重已经达到 18%。随着日本工业化不断发展，农村人口向城镇转移，进一步推动了城镇化的发展，1940 年，日本城镇人口比重已经接近 38%。此后，由于受二战的影响，日本工业化进程受阻，国民经济发展十分糟糕，城镇化进程止步不前，甚至出现衰退，到 1945 年，日本城镇化率仅为 27.8%，如表 3-4 所示。

（2）城镇化发展阶段（1950—1970 年）。

由于二战的影响，日本经济和城镇发展几乎处于停滞状态，1945 年，日本政府开始了经济恢复计划，但受到通货膨胀的影响，日本经济在初始的几年并未得到有效改善。1950 年，朝鲜战争爆发，日本生产的大量战争物资被美国购买，其工业产出迅速增长，经济开始恢复。1955 年后，日本经济增长速度惊人，在随后的20年里，日本经济以历史罕见的年平均增长率10%以上的速度增长。截至1970年年底，日本经济已经排名世界第三，城镇化率达到72.1%，期间，日本城市数量从1950年的254个增加到1970年的644个，村庄的数量也相应迅速减少。此后，受国际金融市场冲击和两次石油危机的影响，日本经济增长开始放缓，由于城镇生产、生活成本的上升，大量企业向郊区转移，日本城镇化速度也随之下降。

表3-4　　　　日本的城镇化发展历程

年份＼城镇化	总人口（万人）	城镇人口（万人）	城镇化率（%）
1898	4 540	530	11.8
1903	4 850	680	14.0
1913	5 510	900	16.3
1920	5 590	1 010	18.0
1930	6 450	1 540	24.0
1940	7 310	2 760	37.7
1950	8 320	3 120	37.5
1960	9 340	5 930	63.5
1970	10 370	7 490	72.2
1980	11 710	8 920	76.2
1990	12 360	9 560	77.4
2000	12 690	9 990	78.7
2005	12 777	10 988	86.0
2010	12 807	11 590	90.5
2014	12 713	11 823	93.0
2016	12 682	11 858	93.5

数据来源：根据联合国人口司经济和社会事务部历年公布数据整理而来

（3）城镇化发达阶段（1980 年至今）。

如表 3-4 所示，1980 年后，日本城镇基本呈现饱和状态，城镇化进程在很长时间内几乎停滞不前。1996 年，日本城镇人口比重为 78%，仅比 1976 年的 76%稍有增长。20 世纪 80 年代以来，日本城镇人口的区域分布开始发生变化，人们开始从拥挤的大都市区迁移到郊区或者中小城镇，呈现出大城市带动周边多个中小城镇发展的中心—外围发展方式。这一阶段，日本在经济全球化和知识经济的浪潮下，开始向信息经济发展，大规模的工厂从都市圈迁移到成本较低的郊区，城市和乡村的界限也逐渐模糊，最终形成了沿太平洋的一个巨大城市群。截至 2000 年年底，日本城镇人口比重为 78.6%，2016 年已经增长到 93.5%。

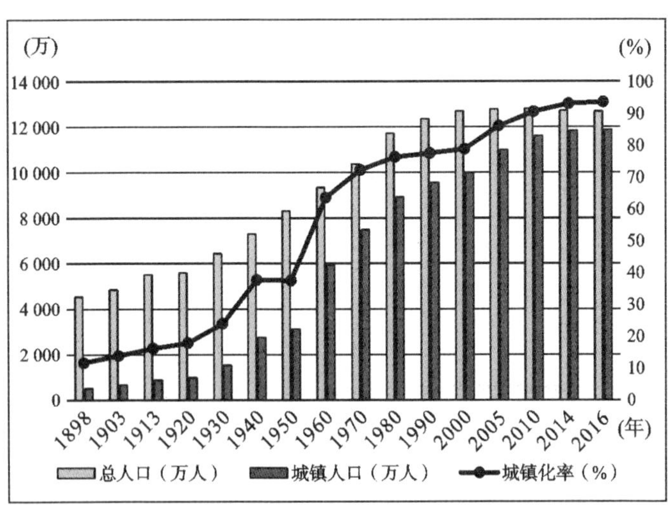

图 3-4　1898—2016 日本城镇化发展趋势

3.1.3.4　巴西的城镇化道路

（1）城镇化起步阶段（1930 以前）。

巴西作为金砖国家之一，是拉美地区国土面积最大的国家，其自然资源丰富，经济发展迅猛，其城镇化道路在拉美地区具有一定的代表性。自从 16 世纪巴西沦为殖民地后，巴西开始作为葡萄牙的农产品和原材料供应国，对其经济具有很强的依附性。1930 年前，巴西是一个靠农业生产为主的国家，工业化推进比较缓慢。这一阶段，巴西城镇化进程相对也比较缓慢，其城镇人口也主要来源于欧洲移民，而不是国内农村人口的迁移。

表 3-5　　巴西的城镇化发展历程

年份＼城镇化	总人口（万人）	城镇人口（万人）	城镇化率（%）
1950	5 391	1 952	36.2
1955	6 284	2 545	40.5
1960	7 279	3 268	44.9
1965	8 438	4 244	50.3
1970	9 592	5 352	55.8
1975	10 819	6 675	61.7
1980	12 163	8 198	67.4
1985	11 497	8 198	71.3
1990	14 941	11 176	74.8
1995	16 125	12 545	77.8
2000	17 386	14 116	81.2
2005	18 641	15 701	84.2
2010	19 521	16 456	84.3
2014	20 203	17 253	85.4
2016	20 529	17 654	86.0

数据来源：根据联合国人口司经济和社会事务部历年公布数据整理而来

（2）城镇化发展阶段（1930—1970年）。

1930年，瓦加斯革命爆发，巴西开始实行经济和社会改革，推动巴西走上了现代化道路。瓦加斯政府改革了税制，推动工业化计划，以促进工商业的发展，使得巴西的重工业和消费品工业在随后的几十年里迅速发展。工业化速度加快带动了巴西的城镇化发展，圣保罗等一大批的新城市不断壮大，集聚经济和规模经济效益开始在各大城市显现，农村人口加速向城镇迁移。由于工业化进展迅速，巴西在60年代至70年代中期的十多年里增长速度年均超过10%，创造了著名的“巴西奇迹”。如图3-5所示，1950—1980年的30年里，巴西城镇人口增加了8倍之多，城镇化率也从36.2%提升到67.4%，巴西城镇化推进过快也为巴西留下了巨大伤痛。

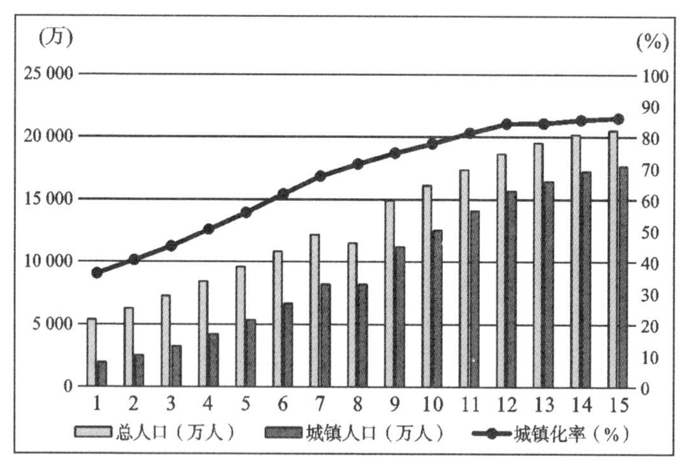

图3-5　1950—2016巴西城镇化发展趋势

（3）城镇化发达阶段（1970年至今）。

1970年后，过度城镇化带来的各类问题开始显现，由于城镇人口比重增长过快，未能充分考虑城乡结构因素、城镇基础设施、三次产业布局、城镇体系结构等问题，导致城镇化率过快提升，而城镇化质量未能同步跟上，导致城镇化质量与城镇化规模不协调。问题主要体现在：经济发展水平远远落后于城镇化水平，使得巴西经济难以健康持续增长；土地改革制度不完善，使得农业发展严重滞后；大城市过于拥挤，小城镇发展缓慢，城镇结构不协调；贫富差距出现高度分化，收入差距巨大。为缓解过度城镇化问题，巴西政府出台了一系列政策，包括进行土地改革，实施鼓励农村发展；协调城镇体系，使得各类型城市结构合理；推行促进工业发展的措施，提升就业人口的劳动技能。20 世纪 80 年代以来，巴西政府的种种措施试图校正过度城镇化带来的问题，也收到了一定成效，但过快城镇化引发的诸多矛盾仍是巴西城镇化进程之殇，制约着巴西经济的健康发展。截至 2016 年年底，巴西城镇人口比重已达到 86%，但巴西仍在为走过的弯路付出代价。

3.2 国外城镇化发展规律及经验教训

18 世纪 60 年代以来，工业革命在世界范围内兴起，世界城镇化也从发达国家向发展中国家扩散，目前，发达国家的城镇化基本都达到了成熟阶段。虽然各国的历史、文化环境不同，城镇化发展在各国也表现出不同的特点，但城镇化进程在全球范围内呈现出一定的共通性。

3.2.1 国外城镇化发展的基本规律

3.2.1.1 城镇化发展的三阶段规律

世界范围内的城镇化进程表现出一定的阶段性特点。1975 年，美国地理学家诺瑟姆（R. M. Northam）通过分析各国城镇化推进的历史情况，发现虽然不同国家的城镇化起步时间、发展状况不尽相同，但大部分国家和地区的城镇化都经历了三个阶段：初始城镇化起步阶段、中期城镇化加速发展阶段和后期的城镇化成熟阶段，发展过程呈一条拉长的S型曲线（如图3-6所示）。各国在经历这三个阶段过程中，起始时间不同，持续时间和发展状态也各有差异，但城镇化进程的推进经历了起步、发展和成熟三阶段的过程是其共同的规律。

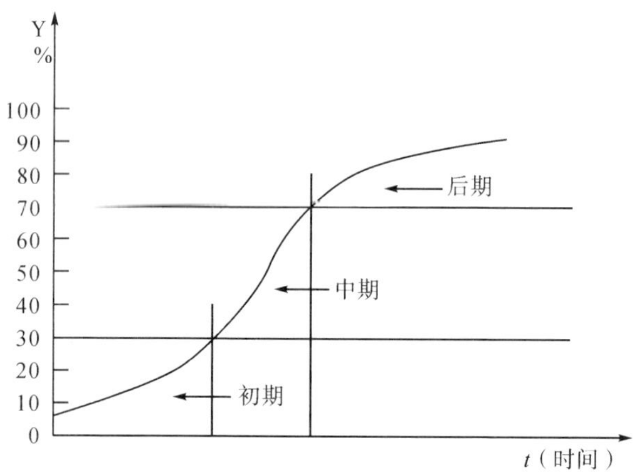

图3-6 城镇化发展的S型曲线

资料来源：严正. 中国城市发展问题报告［M］. 北京：中国发展出版社，2004.

图3-6表明，全球范围内的城镇化发展都经历了如下阶段：第一阶段，初始起步阶段，城镇化率低于30%，推进十分缓慢。在该阶段，农业仍是国民经济的主导产业，但生产率低下，社会资本累积速度也受到限制。因此，由于该阶段工业化本身处于缓慢发展的初级阶段，其产生的推进效果非常有限，从而使得推动力不足，因此城镇化推进极其缓慢。

第二阶段，当城镇化率大于30%后，城镇化开始了中期加速的阶段，农业劳动生产率大大提高，大量农村人口进入城市，工业化也进入起飞阶段，当城镇化率小于70%时都处于这个阶段。本阶段工业在国民生产中的地位慢慢确立，农业退到次要地位，农业生产比重持续下降，第二、三产业比重相继上升，城市内涵的发展和各类服务业的发展使得城镇进入高速成长阶段。

第三阶段，城镇化率大于70%，城镇化达到成熟阶段，城镇化推进开始趋于缓慢，进入平稳时期。由于科技的进步，发达国家进入信息化和知识化的时代，农业也基本实现现代化，由于工业的生产率更高，工业过剩的劳动力向服务业转移，此时服务业为城镇化推进贡献的力量最大。由于农业多余人口已经基本转移完成，没有更多的人口进入城镇，“城市病”和“逆城市化”现象开始出现，部分城镇的人口甚至出现停滞和下降趋势，城镇质量的提升开始作为本阶段的主题。

就全球的城镇化而言，19世纪50年代，世界平均城镇化率为30%，此时城镇化初始起步阶段结束，开始了中期加速发展。目前，虽然很多的发达地区的城镇化早已达到成熟阶段，但实现全球的城镇化成熟还有很长的距离。

3.2.1.2 集聚效应与扩散效应

产业在区域中的集聚作用是城镇扩张和发展的基本动力。由于城市更加优良的资本、人才、技术和基础设施等，吸引更多的农村人口流向城镇，使得城镇的规模逐渐扩大，人口不断增长，有利于工业化的推进，第二产业在城镇发展初期阶段迅速发展，也带来了第三产业的兴起。城镇的集聚效应使得市场规模不断扩大，有利于工厂的标准化、规模化生产，大大降低了生产成本，城镇便捷的交通设施也使得运输成本持续降低，从而使得生产率迅速提高。由于大量农村人口向城镇转移，降低了水、电、煤气、道路管网等基础设施的单位成本。在城镇化的起步和发展阶段，更加便捷的生产、生活方式又吸引更多的人口向城镇集中，形成良性循环效应，集聚效应得到加强。集聚效应不仅使得城镇成为人口集中的中心，也使得城镇成为地区经济活动的中心，带动周围腹地的经济发展。

当城镇化进程发展到一定阶段，人口过度向大城市集中会带来一系列的“城市病”，人口的膨胀使得城镇生活成本上升、交通堵塞、房价过高、环境质量恶化，产生了“集聚不经济”，城镇化的矛盾凸显。在城镇化的发达阶段，当由于过度集聚带来的弊端大于其为人们带来的便捷时，人们开始向城市郊区迁移，产生“逆城镇化”现象。随着居民向郊区迁移，更多的工厂也向郊区转移，将资本、人才和技术带向城镇周边地区，扩散效应开始出现。一般而言，城市规模越大，扩散效应就越明显。

世界城镇化的发展历程，是集聚效应和扩散效应交替作用的结果。在发展初期，以集聚效应为主的城镇化推进方式，使得人口向城镇加速集中，城镇人口迅速提升，而在城镇化的发达阶段，由于“城市病”的出现，人们开始向郊区转移，扩散效应明显。在某些发达国家，城镇化推进到一定阶段还会出现再城镇化的过程，因此，城镇化进程最显著的特征是集聚效应和扩散效应。

3.2.1.3 产业同步演化

国外城镇化的经验表明，产业结构的演化是城镇化过程中的必然现象。在经济的发展过程中，一个国家或地区的主导产业一般由第一产业逐步演变为第二产业，然后向第三产业升级，就业人口也从农业向工业和服务业转移，因此，人口从农村逐步向城镇集中。产业的升级对人口的城镇化有着一定的促进作用，同时，城镇化的集聚作用加速了产业的升级换代，它们具有相辅相成的互动作用。

在城镇化的初期阶段，随着农业生产率的提升，部分农村人口从农业中脱离出来，向城镇转移，开始从事手工业和其他轻工业，为城镇的工业化积累了原始资本。同时，随着工业革命的发生，城市和农村的生产率都随之提高，更多的农村劳动力剩余人口向城镇集中，城市规模的扩大为农产品和工业产品提供了更大的市场。人口从农业向工业转移成为城镇化初期的基本特点。随着生产力的提高，工业替代农业成为地区发展的主导产业。由于集聚效应的存在，生产成本的降低和更优厚的工资待遇，工业化推动城镇化迅速发展。随着科学技术的进步，第二产业中的很多岗位被机械化和自动化技术替代，技术密集型成为工业化的发展方向，更多的劳动力开始转向服务业，服务业成为推进城镇化的新动力。由于第三产业对劳动力的需求加大，城镇化的步伐也随之加快，金融、管理、信息、教育等的发展提高了劳动力对知识需求的程度，城镇人口的教育程度也随之提高，对随之而来的信息化革命和知识经济的到来起到了重要积累作用，第三产业逐渐成为某些发达地区的主导产业。第三产业的发达也意味着一个城市文明程度和城镇化水平的深化。所以，城镇化进程的推进与产业结构转型升级之间是相辅相成、互相推动的关系。

3.2.2 国外城镇化发展的经验与教训

城镇化在国外经历了一个很长的历史过程，从公元前3000年左右，最早期城市在尼罗河流域、两河流域、古希腊出现，到了18世纪中叶，工业革命的发生推动城镇化在西方资本主义国家迅速扩张，国外城镇化走过的道路的经验与教训为中国西部地区新型城镇化的推进研究提供了重要的学习素材。

3.2.2.1 国外城镇化发展的经验

通过对国外城镇化发展的历程和规律的分析，我们可以总结出国外城镇化发展的主要经验有：

第一，城镇化推进要以工业发展和产业集聚为支撑。国外城镇化发展历史表明，城镇化与工业化是相辅相成的，工业生产率的提升有助于吸引更多的农村人口转向城镇。发达国家城镇化加速阶段都出现在工业变革时期，说明工业化是城镇化的最大推动因素。工业化发展到一定时期就会产生产业集聚现象，埃德温·米尔斯（Edwin Mills）认为，产业在区域中的集中发展是城镇化推动因素之一。城镇化带来的规模经济效应使得工厂可以以更低的成本大量生产标准化的产品，由于生产和生活区位的靠近，人们的通勤成本大大降低，更多的人口向城镇集中。随着科技的进步和城镇基础设施质量的提升，运输成本大大降低，人口和经济活动的集聚会产生积极的外部效应，即集聚经济，集聚经济又会带来一系列的连锁反应，相关产业及人口更加集中，城镇化推进更加快速（如图 3-7 所示）。①

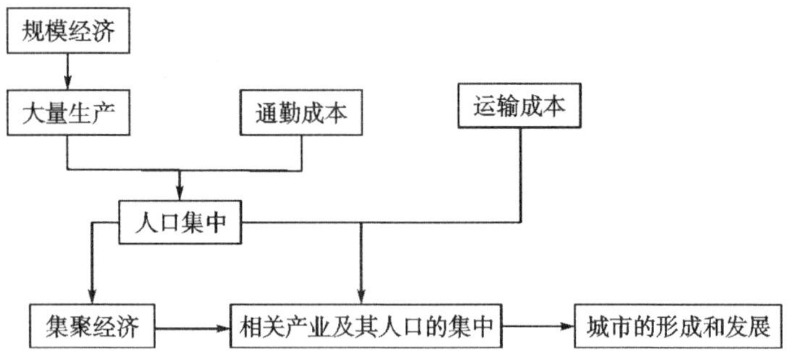

图 3-7　城镇化推进的米尔斯—汉米尔顿模型

资料来源：谢文惠，邓卫．城市经济学［M］．北京：清华大学出版社，1996.

第二，制定完善的政府干预政策。英国是全球首个实现城

① 李清娟．产业发展与城市化［M］．上海：复旦大学出版社，2003.

镇化的国家，它也是首个将城镇规划管理作为政府职能管理的国家。在城镇化的初期，由于城镇基础设施匮乏，城市环境质量持续恶化，尤其以“伦敦烟雾事件”最为有名，社会稳定和经济发展的危机促使英国先后制定了一系列解决城镇问题的规范法案，包括《公共健康法》（1848 年）、《住宅补贴法》（1851 年）等，采取公共干预政策引导城镇化有序推进。欧洲其他国家也继英国之后，颁布了各自的城市管理办法。日本政府在城镇化的发展过程中，主要通过鼓励和引导技术进步，使得日本这个人多地少、资源匮乏的国家在 1950 年后以高速的经济增长带动城镇化加速发展，大大提高了国民的生活水平。为了缓解集聚经济和区域经济不平衡发展带来的各种问题，日本实施了多个全国综合开发规划方案，促进城镇化可持续推进。完善的政府干预政策大大提升了发达国家的城镇化质量，为我国的城镇化发展提供了借鉴。

第三，建立合理的城镇体系。西方发达国家城镇数量众多，而且中小城镇占较大比例。美国中小城镇个数占全国城镇数量的 99%以上，并且集聚程度较高，德国的城镇人口主要分布在 11 个大都市圈，达到全国人口的一半以上，法国、日本也均以中小城镇为主。大量中小城镇形成的城镇群不仅解决了由于大城市无限扩张带来的城市矛盾，也有利于产业在区域空间的布局，大、中、小城镇在空间上互相依存、互联互通，形成有序互补多层次的有机城镇体系。由此可见，合理的城镇体系是城镇化健康可持续发展的基础。

3.2.2.2 国外城镇化发展的教训

19 世纪以来，工业革命和世界城镇化进程的推进为人类带来了技术进步，创造了巨大的社会财富，在城镇化的过程中，各国也经历了不少的惨痛教训。国外城镇化走过的弯路值得我们认真分析和警惕，主要有：

一是缺乏政府调控。西方国家信奉的自由主义经济和市场调节，使得发达国家产生了各种“城市病”。由于对利润最大化的无限追逐，城市发展过程中缺少前期规划和中期管控，使得城镇的发展具有很强的盲目性。城市生产和住宅片区分布混乱，基础设施不够完善，大量贫民窟和城中村大大降低了城市发展的文明程度。由于缺乏前期的规划，政府对城镇人口发展不加限制，对城镇的发展缺乏管控，使得人口膨胀、交通堵塞、环境污染成为城市发展后期的常态，城镇秩序的混乱使得城镇居民的生活水平恶化，大量的城镇人口向外迁移，又造成了一些城镇的“空心化”。这一系列的问题在城镇化的发达阶段才引起各国政府的重视，但由于问题庞杂，积重难返，也为政府后续的调控带来了很大的负担。

二是过度城镇化。城镇化水平增长过快，超过工业化和经济发展水平，而配套设施未能及时提升，转移的农村人口未能在城镇得到稳定就业。过度城镇化多存在于拉美地区，以巴西最为严重，巴西用发达国家城镇化进程一半的时间完成了城镇化中期到后期的所有过程，但过快的城镇化为巴西带来了沉重的伤痛。城镇基础设施建设不足、城镇产业布局不合理、城镇体系结构不合理、城镇内部贫富人口高度分化等问题一直困扰着巴西的城镇改造，抑制了巴西经济的健康发展，大量的失业人口成为城镇质量提升的负担。

三是缺乏城乡统筹。从古至今，西方发达国家推进城镇化的过程中往往伴随着在城乡二元结构的矛盾。在城镇化的初期阶段，工业发展初始资本的积累基本都是靠来自农村的资金，而工业的发展带来的科技进步却并未带动农业的技术进步，工业生产率的提高速度远远高于农业。由于很多发达国家都采用了“城市偏向”的政策，越来越多的农村人口开始向城镇转移，农业投入大大减少，大量农村土地开始荒废，农业逐渐被边缘化。“三农”问题也成为阻碍经济持续增长的重要制约因素，城镇的繁华与农村的衰落形成强烈对比，城乡收入差距的扩大在一定时间内困扰着发达国家，直到城镇化发展后期，更多的国家开始意识到农业与农村的重要性，各国纷纷出台了利于“三农”发展的政策，并推进城乡互动，促进城乡经济均衡发展，才有效缓解了城乡二元结构的矛盾。

分析国外城镇化推进的弊端，究其根本原因，主要在于政府对城镇规划、管理的缺失和缺乏城乡统筹。规划是城镇化科学推进的先导，合理的规划能有效降低城镇化推进中各种社会问题的发生概率。在城市发展的各个时期，政府对城市发展和公共服务的管理应成为政府日常行政工作的重要内容。要以工业化和产业集聚为支撑，要尊重经济社会发展的基本规律，警惕过度城镇化，进行城乡统筹才是城镇化稳定可持续推进的科学有效途径。以史为鉴，国外城镇化的发展是一面历史的镜子，认真分析西方国家和其他发展中国家在城镇化的发展进程中的经验教训，可以让我们在反思历史的同时，认真审视我国城镇化发展中必须坚持的以人为本的城镇化，注意政府在城镇化过程中的引导作用，积极稳妥地推进我国的新型城镇化建设，缩小城乡收入差距。

3.3 国外城镇化进程中缩小城乡收入差距的经验与启示

就世界历史发展来看，各国在城镇化的过程都会伴随着城乡收入差距，并且城乡收入差距在某些发展阶段会迅速扩大。农业、工业和服务业三大产业在经济发展的过程中生产率增长不一致，就一定会形成收入差距，政府在这个过程中发挥着至关重要的作用。我们将对成功缩小城乡收入差距的典范——美、日、韩三国进行分析探讨。

3.3.1 国外缩小城乡收入差距的经验

美国和日本的情况与我国类似，在工业化的初期城乡收入差距迅速扩大，财富在城乡之间分配悬殊，20 世纪 30 年代，日本的城乡收入比一度超过了 3 倍，但是随着工业化与城镇化的进一步深化，这两个国家的城乡收入差距不断缩小，不仅实现了无差距，在某些地区甚至出现了反向差距，是我国应学习的成功典范。韩国的工业化进程从 1960 年开始，在这个过程中收入差距虽有所扩大，但差距并不明显，其比值始终在 1 左右波动，我国在城镇化建设的过程中应当思考和借鉴韩国政府在采取的控制城乡收入差距的相关措施。

3.3.1.1 美国缩小城乡收入差距的实践经验

美国加强农业相关设施建设力度，通过农业多元化支持政策为农业发展创造良好的环境，为其城镇化打下坚实的基础。第一，美国政府加强了农村道路、信息化、供水管网等基础设施的全面覆盖，政府出台了各种优惠政策鼓励社会资本参与农村的建设。这些设施的建设提高了农业生产效率，改善了农民生活水平，对缩小城乡差距有重要意义。第二，美国通过多项惠农政策，提升农民素质，促进农业发展。美国每年在农业上的财政投入不断增加，并且在财政预算中占有很高比重。据朱刚（2005）估计，到 1990 年，美国农业投入已占其农业总产值的四分之一，而 2003 年我国这一数据才达到 5.91%，2016 年，我国农业投入仅占农业总产值的 7.9%。第三，美国采取对农民进行直接补贴与农产品最低限价收购等政策手段来确保城乡收入差距不会过大。

3.3.1.2 日本缩小城乡收入差距的实践经验

日本主要通过政府推动农村建设，提供农产品价格补贴以及建设农业协同组织的方式缩小城乡收入差距。其新农村建设从 1955 年一直持续到 1980 年前的“造村运动”。国家为了促进农业产业化，提出了“一村一品”的理念，大力挖掘农村自身资源潜力，并提供资金支持，促进农产品品牌化、农业产业化、农民职业化。政府制定了明确的法律允许农民建立农业合作组织，保护农民各方面的利益，防止社会对农民的剥削，还提供了多项政府公共服务。同时采取了与美国相似的农产品价格补贴政策，对购买农业现代化工具进行财政补贴与利息减免，从而推进农民生产的科技化。日本政府通过采取上述措施，实现对农民的全方位支持的目标，以各种渠道稳定并提高农民收入。

3.3.1.3 韩国缩小城乡收入差距的实践经验

对韩国而言，工业化起步较晚，但韩国在工业化的初始阶段，同样面临了经济增长与城乡收入差距扩大二者并存的问题。意识到这一问题的韩国政府，为消除城乡之间的差距，以“新村运动”为出发点，积极采取各种措施，例如，改善农村基础设施，为新农村建设免费提供水泥、钢筋等建筑原料；推广农业生产技术，促进农业现代化；政策上支持农产品加工业和农村文化事业的发展；改善农村生产与生活条件等。韩国政府在消除城乡收入差距方面所实施的政策有一个鲜明的特点，即以提高农民自身发展和增收能力为目标。新农村建设中，政府除了从物质和资金上给予支持，还从精神层面上改变农民的传统价值观念，建设可以举办各种活动的“村民会馆”，丰富农民生活，提高农民生产能动性。另外，韩国还发起成立了农民协会组织，在提高农村教育和技术水平、促进农产品流通、加强金融服务等方面发挥了重要作用。为提高农民收入水平，韩国政府实施了农产品价格补贴和直接农业补贴等扶持政策，而正是这一系列在农业上的政府扶持措施使得韩国农民的收入水平显著提高，城乡收入差距明显缩小。

综合以上各国在农业扶持上的政策我们会发现，经济发达的国家在缩小城乡收入差距方面，所采取的政策都从维护农民切身利益出发，努力实现城乡收入的平衡。具体表现为大力改善农村基础设施，加大对农业的财政支持力度，成立民间互助组织并发挥它们在保护农民利益上的积极作用，实施农产品价格支持和补贴政策等。这些措施对当前我国缩小城乡收入差距具有重要的借鉴意义。

3.3.2 国外缩小城乡收入差距对我国的启示

发达国家城镇化进程中缩小城乡收入差距的经验对我们的启示有：

第一，加大农村基础设施建设力度。1930 年左右，美国政府为实现农业现代化并消除城乡收入差距，大力进行生产基础设施的建设，提高农业生产率。日本政府通过对农村的各项支持有效推进了农业现代化，缩小了城乡居民收入差距。韩国出台了一系列政策用于缩小收入差距，拿出了大量的资金用于农村基础设施建设，切实提高了农业产能。各国结合本国国情，采取了不同措施，有效降低了农业生产成本并稳定了农业市场，保证了农民收入。而我国由于改革开放以来的城镇偏向政策，忽略城镇对乡村的带动作用，使得目前农村生产和生活条件比较落后，经济发展也明显落后于城镇，农村基础设施长期不完善，用于“三农”的财政资金比例过小。所以，我国需要在农业产业发展、农田水利网络、农业技术研发、农村基本教育等方面加大资金投入，并运用基金化管理、财税补贴等手段进行间接支持。只有完备的基础设施建设才能为农村经济的转型提供坚实的物质基础。

第二，提高农产品质量。美国政府出台了政策支持适合农村发展的工业，包括支持生产农业生产工具，农用收割机、拖拉机等，以及支持生产家禽饲料、种苗、化肥、农药等。这些产业由于符合农村发展需求，因而能够在农村得到充分发展。而日本的造村运动通过深入挖掘地方特色，培育标志性产品与项目，打造相应品牌，面向世界进行推广，并以此来带动区域经济发展。从这些历程中，我们应当汲取经验，以质量为核心竞争力，优化品种，增加效益，提升农产品附加值。鼓励发展特色农产品加工业，完善相关服务体系，推进我国的农业现代化。

第三，建设服务型政府。日本和韩国的经验表明，政府的参与和指导才能提高农村合作组织的效率，良好的政策和制度基础有利于农村资源的集中利用，有利于推进农业的规模化和产业化经营。结合我国具体国情，地方政府作为政府职能的代表，应充分调动农民的主动性，在科学指导的基础上，让农民按照自己的想法与意愿去生产经营，从而提高生产效率，降低管理成本，使其成为新农村建设的最重要力量。为了达到这个目的，地方政府应转变思考视角与工作方式，健全沟通机制，完善法律保障，以满足农民的需求为出发点，从而调动农民的积极性、创造性与自主性。

第四，建立完善的法律和制度体系。在收入分配的调节和农村的建设方面，国外都有完善的法律法规体系，使相关法律法规覆盖经济生产活动，做到有法可依，有法必依。韩国在新农村建设中颁布了详细的法律法规和制度条例，日本政府也在收入分配方面不断完善其现有的法律，促进农业改革，缩小城乡收入差距。我国也应及时完善相关的法律法规，各级地方政府应进一步制定利于农村发展的配套制度措施，确保新农村建设的顺利推进，通过农村的现代化发展缩小城乡收入差距。

第五，提升人力资本水平。从长远来看，科学文化水平和劳动者技能的提高才是有效调节收入分配的关键。美国在20世纪70年代不仅实现了农业产业化，构筑了完整的农业产业链，还投入了大量资金，强化了农业人才的培养，实现了人力资源贮备。与此同时，日、韩两国对农业培训十分重视，日本为农民提供全方位多领域的无偿培训，成立了专业技术培训机构，而韩国大力鼓励农村基础教育，更注重提升农村劳动力的技能，还鼓励农民学习“合作、创新、勤勉”的精神，提高农民的职业水平。我国政府也应当开展相关教育和宣传，引入竞争意识和终身学习观念，鼓励农民进行自我提升，为农民提供免费的科学生产技能培训，培养农民市场化的经营观念，才能为有效调整收入分配打下坚实基础。

3.4 本章小结

本章从国外城镇化的起源出发，分析了国外城镇化的发展历程。大部分国内外学者们认为世界城镇化进程始于工业革命，城镇化的根本动力是工业化的发展。世界城镇化的发展主要起源于18世纪60年代，经过两百多年的发展，世界各国经历了工业化、城镇化和现代化。国内学术界一般将国外城镇化的发展分为起步阶段（1760—1850年）、发展阶段（1850—1950年）和发达阶段（1950年至今）三个阶段。

笔者选取了国外城镇化发展道路具有典型代表性国家，包括英国、美国、日本和巴西。英国作为全球首个实现工业化的国家，英国在从18世纪20年代开始就保持了世界领先的综合国力，它也是全球城镇化道路的探索者，作为城镇化的先行者，英国为我们提供了丰富的学习借鉴经验；美国的城镇化过程也出现过东、西部地区差距较大的阶段，在西进运动和西部开发的带动下，区域不平衡的态势有所缓解，为我国的区域协调发展提供了一定借鉴；日本在城镇化发展的过程中通过大城市带动周边多个中小城镇的中心—外围发展方式也为我国的城镇化发展提供了良好的经验；巴西在城镇化推进过程中，由于推进过快，过度城镇化带来了各类问题，为巴西留下了巨大伤痛，是我国城镇化进程中需要避免的。

在梳理国外城镇化发展历程的基础上，笔者总结了国外城镇化发展的规律：第一，城镇化发展的三阶段规律；第二，集聚效应与扩散效应；第三，产业同步演化。此外，笔者分析了国外城镇化的发展经验，主要包括：第一，城镇化推进要以工业发展和产业集聚为支撑；第二，制定完善的政府干预政策；第三，建立合理的城镇体系。国外城镇化发展的教训主要有：一是缺乏政府调控，城市发展过程中政府对城镇规划和管理的缺失，使得城镇的发展具有很强的盲目性；二是过度城镇化，城镇化水平增长过快，超过工业化和经济发展水平，而配套设施未能及时提升，转移的农村人口未能在城镇得到稳定就业，大量的失业人口成为城镇质量提升的负担；三是缺乏城乡统筹，由于很多发达国家都采用了“城市偏向”的政策，农业逐渐被边缘化。

世界各国在城镇化的推进过程中都会伴随着城乡收入差距的扩大，对于国外缩小城乡收入差距的经验，笔者选择了成功缩小城乡收入差距的美、日、韩三国进行分析。美国通过农业多元化支持政策为农业发展创造良好的环境，加强农业相关设施建设力度，为其城镇化打下坚实的基础；日本主要通过政府推动农村建设，提供农产品价格补贴以及建设农业协同组织的方式缩小城乡收入差距；韩国以“新村运动”为出发点，以提高农民自身的增收能力为目标，政府重视对农民在物质和精神上的双重支持，使得韩国农民的收入水平显著提高，城乡收入差距明显缩小。经济发达的国家在缩小城乡收入差距方面，所采取的政策都从维护农民切身利益出发，努力实现城乡收入的平衡，这对当前我国缩小城乡收入差距具有重要的借鉴意义。国外缩小城乡收入差距的经验也为我国提供了不少的启示，主要包括：第一，加大农村基础设施建设力度；第二，提高农产品质量；第三，建设服务型政府；第四，建立完善的法律和制度体系；第五，提升人力资本水平。

4 中国西部城镇化与城乡收入差距的态势与问题

对西部地区城镇化与城乡收入差距的发展历程的分析是把握其发展特点与问题的重要手段之一。中国西部城镇化发展的态势与全国的发展路径有一定的关系，也呈现出自身鲜明的特点，回顾西部地区城镇化和城乡收入差距的发展态势与问题才能有效推进西部新型城镇化和缩小城乡收入差距。

4.1 中国城镇化与城乡收入差距发展历程与问题分析

4.1.1 中国城镇化发展历程

城镇化在全球范围内的推进经历了漫长的演变过程，城镇也是人类文明进步发展的重要体现。欧洲城市化推进经历了扩张、拥堵和郊区化三个阶段。相对于外国城镇化的发展过程而言，我国城镇化的发展具有时间和空间维度上的根本区别，形成了具有中国特色的城镇化渐进发展演变过程。以我国不同阶段城镇化具有不同的特点为依据，可以将我国城镇化历程大致分为以下几个时期：1949—1977 年、1978—2000 年、2001 年以后三个时期（如

图 4-1 所示）。

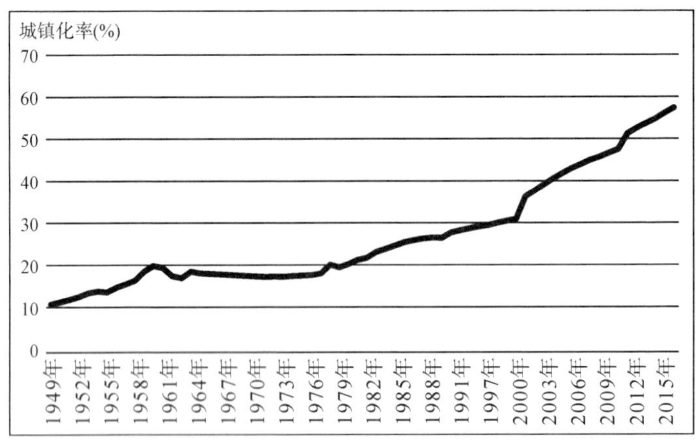

图 4-1　1949 年以来我国城镇化率走势

资料来源：根据 1949—2016 年《中国统计年鉴》数据作图

4.1.1.1　城镇起步发展时期（1949—1977 年）

中华人民共和国成立初期，由于深受苏联建设社会主义重工业发展理念的影响，我国以重工业为发展重点，而对建设城镇基础设施和发展第三产业未引起足够的重视，城镇作为生产中心而非消费中心存在。1949 年，我国城镇人口比重仅为 10.6%，随着我国工业化进程的推进，城镇的产业结构也越加多样化，提供了更多的就业机会，农村人口也更多地向城镇转移，城镇人口开始有计划的增长。1950 年后，城镇化发展开始加速，到 1960 年已经达到 17%。但由于经历了“文化大革命”等，城镇化发展受阻，甚至出现停滞现象，到 1977 年我国的城镇人口比重仅为 17.55%，较长一段时间几乎没有任何提高，而截至 1980 年年底，世界的平均城镇人口比重为 42.2%，发达国家城镇化水平则已达到 70.2%。

改革开放前夕，我国城镇人口比重仅为 17.55%，城镇数量从 1949 年的 132 个增长到 1977 年的 190 个，提升十分有限。究其原因，主要是因为在探索社会主义建设过程中不可避免的波折及发展基础落后。这一时期城镇化发展速度缓慢，在徘徊震荡中前进。

4.1.1.2 改革开放后的加速发展时期（1978—2000 年）

1978 年后，我国城镇化迈入了稳步增长期，城镇化水平从 1978 年的 17.92%增加到 2000 年的 36.22%，实现 0.83%的年均增长率，城市数量、建制镇数量也从 1978 年的 193 个、2 173 个分别增加到 2000 年的 636 个、20 312 个，实现了较大幅度的增长，这一时期城镇化稳步推进。改革开放后，我国城镇化进程明显加速，一是由于我国战略方向调整为以经济建设为中心；二是我国开始发展可以吸纳大量劳动力的第三产业，吸引了大量农村人口；三是城镇偏向的政策使得城乡差异越来越明显，城镇的高质量生活水平促进了农村人口向城镇转移。特别是 1985 年后，我国采取优先发展东部地区的区域发展政策，沿海地区成为城镇化领头羊，表现为中小城市和小城镇数量在东部沿海地区大幅增加，这使得沿海地区在国家政策的引领下走在了城镇化进程的前列。同时，大量农村劳动力涌入中小城市和小城镇，促进了城镇化的迅速推进，而 20 世纪末至 21 世纪初进行的大规模国企改革成为引爆城市经济的增长点，为城市带来了上亿进城务工的农村劳动力。

4.1.1.3 21 世纪以来的质量提升时期（2001 年至今）

21 世纪以来，住房体制改革成为推进城镇化进程的新引擎，房地产市场如火如荼的发展带来土地价值的大幅提升，导致城市面积的不断扩大，加之发达的城市交通基础设施建设极大地拓宽了城市圈的规模，改变了城市的空间结构，出现旧城改造和新城建设齐头并进的现象，CBD 成为城市建设的新方向。新城建设如火如荼，如上海浦东新区、天津滨海新区、四川天府新区等。同时，城市规模的扩大带来了城际之间的分工合作，促进了如成渝城市群、武汉都市圈等城市群的形成和发展，城市规模的扩张和都市圈的发展成为这一时期城镇化的主要推动力。中国已经进入城镇化快速增长时期，城镇化的质量和人民生活水平也有了较大改善，城镇的文明也开始向乡村扩散。截至 2016 年年底，全国常住城镇人口达到 7.93 亿，城镇化率达 57.35%，比 2000 年上升了 21.13%，预计 2020 年全国城镇人口比重将超过 60%。

4.1.2 中国城镇化发展的问题

通过对中国城镇化发展历程的分析，我们进一步总结出我国城镇化发展的主要问题：

第一，巨大的城乡差距。这个差距首先表现在城乡居民的收入差距，在 1978 年城乡收入比值是 2.56∶1，1990 年为 2.20∶1，2000 年是 2.79∶1，而到了 2010 年则达到 3.21∶1，差距逐步扩大。国家统计局的数据显示，2016 年中国城镇居民平均可支配收入是 33 616 元，农村居民纯收入为 12 353 元，城乡居民收入比为 2.72∶1，城镇居民收入是农村居民的近 3 倍。在此背后的是城乡巨大的福利差距，城乡间的医疗、社保、教育等福利差距愈发明显，在显性的收入与福利差距的背后是更为严重的隐性的机会不平等。尽管农村人口进入城镇能够获得大量的工作机会，但长期存在的思想观念与生活方式使农村人口难以顺利融入城镇。若城乡二元结构导致城乡差距的不断扩大，城镇化进程也难以持续健康推进，为未来经济社会发展留下了隐患。

第二，人口城镇化滞后于土地城镇化。虽然我国的城镇化发展取得了显著的成绩，但我国土地城镇化的速度是人口城镇化的 2~3 倍已是不可回避的事实。由于经济利益的驱动，以及土地使用监管不够，我国城镇化推进过程中土地的规划使用存在诸多问题。土地的粗放式使用到处可见，“摊大饼”式的盲目扩张使得城镇化质量难以得到有效提高，表现为失地农民增多与农民落户城镇的配套措施不完善之间的矛盾。来自国家统计局的数据表明，目前农业户籍人口占城镇生活人口的比重近1/3，约为2.82亿人。失地农民不断增加，正在成为社会潜在的不稳定因素。

第三，“城市病”开始显现。近年来，由于我国人口过于向大城市集中而带来的问题表现在：城镇生活成本上升、交通堵塞、房价过高、环境质量恶化等。城镇化虽然提高了人们的生活水平，但另一方面却导致资源的日趋枯竭和生态的日益恶化。城镇化推进过程中产生的“城市病”若缺乏及时有效的控制，困扰我国大城市的悬殊的贫富分化、高失业率、环境污染等一系列问题将无法解决，并将持续困扰我国大城市发展。随着城镇化进程的推动，相关问题也逐渐增多，2010年，我国政府首次提出了治理“城市病”的口号。如何在发展中结合我国人口众多的具体国情，充分发挥各级政府的智慧，吸取总结外国先进经验，实现环境友好、资源节约、宜居和谐的生态城镇化，是我国需要重点解决的问题。

第四，城镇规划不科学，基础设施落后。按照国家规划，到2030年，我国城镇化进程的目标是实现5亿农民的市民化，尽管我国城镇发展总体上已经达到一个较高的水平，但在完善农民进城的配套基础设施方面仍存在较多不足。目前，我国很大一部分城市缺乏科学的规划和完善的基础设施，如下水道管网系统承载能力差、垃圾处理流程落后、交通通信设施配套不到位等，直接制约了城市功能的发挥，阻碍了城镇化的进一步发展。之所以会出现这些问题，很大程度上是城镇建设融投资渠道的匮乏而导致建设资金不足。由于我国各省、市、县的城镇建设鲜有总体规划，在城镇化推进过程中存在大量如资源使用不当、设备荒弃、城镇再三改建的问题，城镇基础设施也长期滞后于城镇化的发展需要。由于忽视了总体规划的重要性以及实施过程中的随意性，城镇的建设偏离了总体目标。

4.1.3 中国城镇化进程中城乡收入差距发展历程

中华人民共和国成立以后，中国经济发展取得了非凡的成绩，而我国收入分配的明显变化却是从 1978 年以后开始的。改革开放后，经济发展的成效更多地惠及了沿海地区的城镇人口，然而一味地追求做大蛋糕的同时却忽略了分好蛋糕的问题，效率与公平的不协调成为我国城镇化推进和经济发展中的重要问题。城乡二元结构体制加速了城乡收入差距的扩大，城镇与乡村的居民收入未能同比提高，使得农村居民在我国经济迅速发展中被边缘化。为了更深入地研究西部地区的发展态势，我们首先分析改革开放以来我国的城镇化与工业化的推进历程，这样才能够以史为鉴，从中总结经验教训，为西部地区的发展提供相关借鉴。在指标选取方面，分别以城镇居民人均可支配收入与农村居民人均纯收入作为衡量城乡居民家庭收入水平的指标，以二者之比、二者之差分别作为相对收入差距的衡量指标和绝对收入差距的衡量指标。

表 4-1 是我国 1978—2016 年城镇与农村居民收入情况。从该表可以看出，我国居民收入水平整体有明显增长，其中城镇居民收入年均增长率约为 12.83%，农村居民收入年均增长率约为 12.64%，城镇居民收入增长率长期高于农村地区，造成了我国城乡收入差距呈现震荡攀升的趋势。

表 4-1　1978—2016 年城乡收入变化

年份	城镇居民人均可支配收入（元）	农村居民人均纯收入（元）	绝对收入差距（元）	城乡收入比
1978	343	134	209	2.56
1979	405	160	245	2.53
1980	478	191	287	2.50
1981	500	223	277	2.24
1982	535	270	265	1.98
1983	565	310	255	1.82
1984	652	355	297	1.84
1985	739	398	341	1.86
1986	901	424	477	2.13
1987	1 002	463	539	2.16
1988	1 180	545	635	2.17
1989	1 374	602	772	2.28
1990	1 510	686	824	2.20
1991	1 701	709	992	2.40
1992	2 027	784	1 243	2.59
1993	2 577	922	1 655	2.80
1994	3 496	1 221	2 275	2.86
1995	4 283	1 578	2 705	2.71
1996	4 839	1 926	2 913	2.51
1997	5 160	2 090	3 070	2.47
1998	5 425	2 162	3 263	2.51
1999	5 854	2 210	3 644	2.65
2000	6 280	2 253	4 027	2.79
2001	6 860	2 366	4 494	2.90

表4-1(续)

年份	城镇居民人均可支配收入（元）	农村居民人均纯收入（元）	绝对收入差距（元）	城乡收入比
2002	7 703	2 476	5 227	3. 11
2003	8 472	2 622	5 850	3. 23
2004	9 422	2 936	6 486	3. 21
2005	10 493	3 255	7 238	3. 22
2006	11 760	3 587	8 173	3. 28
2007	13 786	4 140	9 646	3. 33
2008	15 781	4 761	11 020	3. 31
2009	17 175	5 153	12 022	3. 33
2010	19 109	5 919	13 190	3. 23
2011	21 810	6 977	14 833	3. 13
2012	24 564	7 917	16 647	3. 10
2013	26 955	8 896	18 059	3. 03
2014	28 844	9 892	18 952	2. 92
2015	31 195	10 772	20 423	2. 90
2016	33 616	12 353	21 263	2. 72

资料来源：1978—2016 年《中国统计年鉴》数据

就绝对收入差距而言，城乡居民的绝对收入差距从 1978 年的 209 元增长至 1980 年的 287 元，到了 1983 年又下降至 255 元。之后，从 1984 年到 2016 年，三十年多间绝对收入差距由 297 元增加到了 21 263 元，增长了约 71. 59 倍，年均增长幅度不断扩大，虽然该增幅从 1995 年到 1998 年四年间有所下降，但之后又恢复了原来的增长水平，甚至更高，城乡居民绝对收入差距加速增长十分明显。

就相对收入差距而言，1978 年后，城乡居民的收入差距有所下降，1978 年城乡居民收入比为 2.56 左右，五年之后，该比值降低为 1.82，达到最低点。1984 年后，伴随着经济体制改革，城乡居民收入差距呈现震荡上升趋势，1990 年后，差距加速扩大，1992 年邓小平南方谈话以后，比值进一步扩大到了 1994 年的 2.86，得益于当时的农村改革，1997 年该比值下降至 2.47。但是，从 1998 年开始，城乡居民的收入差距开始逐步扩大，到了十年之后的 2007 年达到最高值 3.33 倍。由此可以看出，改革开放与经济发展所带来的财富并没有实现公平分配，过度依赖市场机制使得效率与公平之间产生了不平衡，大部分财富向城市集中，导致农村发展长期落后。随后，我国开始重视城镇对乡村的带动作用，出台了一系列有益于“三农”发展的政策，收入差距趋于缓和下降，截至 2016 年年底回落到 2.72 倍。

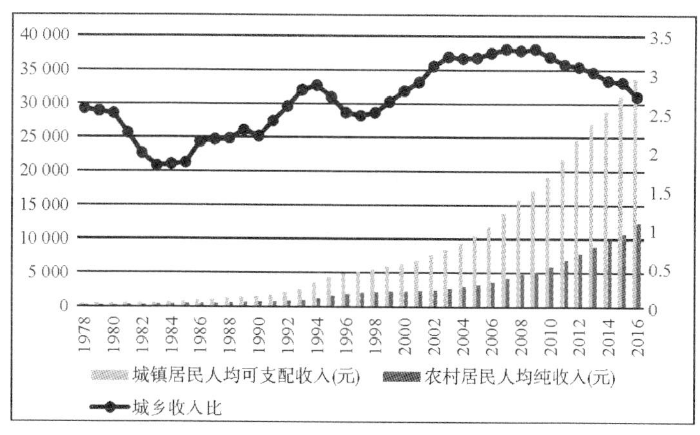

图 4-2　1978—2016 中国城乡收入差距变化趋势

资料来源：根据 1978—2016 年《中国统计年鉴》数据作图

根据表 4-1 及图 4-2 的城乡收入差距变化趋势，我们可以从中看出我国的城乡收入的差距与经济体制改革进程的推动之间先存在着一定程度的正相关关系，之后，又逐步变为反相关。

城乡收入比值在2007年、2009年均达到改革开放以来的峰值3.33，然后于2014年下降到2.92，下降约10%，是城乡收入比近13年来首次下降至3倍以下，2016年，城乡收入比值降低到2.72，城乡收入分配的不公平得到一定程度的缓解。近年来，我国在坚持工业化、信息化、城镇化深入推进的同时，加强城镇对乡村的带动作用，推进了农业现代化的发展，巩固和加强了农业在国民经济中的地位。国家更重视工业对农业的反哺作用，由于城乡互动更加频繁，对“三农”的支持政策进一步加强，各项惠农政策的不断推出，农民收入增速快速提升，收入增长开始快于城镇居民，2010—2016年，我国城镇居民可支配收入分别增长11.26%、14.13%、12.63%、9.73%、7.01%、8.15%、7.76%，农村居民纯收入分别增长14.87%、17.87%、13.47%、12.37%、11.20%、8.90%、14.68%，农村居民收入水平连续7年超过城镇居民增长率。我国农村综合生产能力和综合竞争能力得到提高，城乡收入结构有了明显的改善迹象，城乡收入差距开始缓慢下降。

由于改革开放初期，我国政府制定并实施了一系列加深城乡二元矛盾的财政、教育、社保等政策，政策不协调和制度安排的不合理导致了资源配置的城乡差异和收入差距扩大。总体而言，我国的城乡二元结构以及在此基础上的政策、制度安排等因素共同造成了我国城乡收入的巨大差距。但近年来，由于在推进新型城镇化的过程中，中央政府更注重城乡的协调发展，突出了城镇对乡村的带动作用，以及工业对农业的反哺作用，使得城乡收入结构得以有效优化，收入差距显著缩小。

4.1.4 中国城镇化进程中城乡收入差距发展的问题

西奥多·威廉·舒尔茨（Theodore W. Schultz）认为，在经济增长的过程中，工业与农业、城市与农村在动态发展过程中必然会出现不平衡，而且这种不平衡的发生是不可避免的。因此，我们应正确看待我国城乡发展不平衡的现象，分析原因和问题所在，并结合我国国情提出具有针对性的解决方案。从1978年以来，我国城乡收入差距面临的主要问题有：

第一，城镇化进程推进缓慢。我国城镇化发展长期滞后于工业化。自1978年以来，我国城镇化人口比重逐年增加，但远落后于工业化的发展水平，也落后于发达国家对应工业化进程中的城镇化率。虽然2016年我国城镇人口比重已达到57.35%，但与国际发达国家相比仍十分落后，这成了城乡收入差距居高不下的一个重要影响因素。一方面，农村人口向城镇转移不仅能充分消化农村的剩余劳动力，而且有利于提升农业规模化和产业化水平，增加农村居民收入；另一方面，更多的农村剩余劳动力进城会降低城镇劳动力成本，促进工业现代化的发展。因此，推进城镇化与农业、工业现代化同步发展，更有利于城乡收入差距的缩小。

第二，收入分配政策不合理。邓小平同志于1978年提出了"先富带动后富"，其目的是通过改革开放，让一部分人或地区先实现富裕，然后带动其他人或其他地区富裕起来，并最终实现共同富裕。然而，我国在经济发展过程中逐步偏离了这个方向，只做到了"先富"而忽视了"带动后富"，地区之间和城乡之间的发展差距越来越大。要实现经济的可持续增长，需要一定量的资本积累作为支撑，这就要求把有限的社会经济资源集中起来，进行优化配置。总的来说，解决分配问题最根本的是要制定合理的收入分配政策。2013年，国务院推出了《关于深化收入分配制度改革的若干意见》，但相关配套措施仍不完善。近年来，我国经济高速的发展不断积累了丰富的资本，然而城乡收入差距却未见缩小，收入分配制度改革未能有效突破，城乡收入差距也难以得到有效改善。

第三，城镇偏向制度。在我国的收入差距走势分析中，我们不难看出，改革开放以来，我国城乡收入差距的变化历程与政府的政策制度密切相关。我国长期以来的城镇偏向政策，使得各种资源在城镇和农村分配严重不公平，这是制度安排的结果，而不是自然因素造成的。二战后，新中国的经济基础非常薄弱，各种资源被殖民掠夺后十分稀缺，新中国受到西方国家的排斥，为了赶超发达国家，我国开始了优先发展重工业的经济战略，农村为城镇发展提供资本和资源，政府制定的税收、投资、价格等政策均有利于城镇，而不利于“三农”的发展，并且忽略了城镇对乡村的带动作用。城市和工业偏向的制度下，资金流向也偏向城市，基础设施、户籍制度、教育制度、社会保障等均长期存在着严重的城镇偏向，缺乏城乡互动，在此背景下，我国城乡收入差距呈震荡攀升趋势，虽然偶有回落，但总体仍持续上升。城镇偏向制度不利于我国城乡收入差距缩小和经济健康可持续发展。

第四，户籍制度限制。我国的户籍制度从20世纪50年代形成以来，存在了六十多年，形成了现在我国特有的城乡二元经济模式，到2014年，《关于进一步推进户籍制度改革的意见》正式推出，开始了户籍制度改革。在城乡二元经济结构下，城市和农村之间在就业、教育、医疗、养老等很多方面都存在巨大的差异，直接阻碍了乡村人口向城镇流动，导致了城乡收入差距的扩大。由于户籍制度的存在，农村剩余劳动力进入城镇就业时受到严重歧视，难以融入城镇的就业体系，只能就职于城镇的非正规部门，而这些工作一般收入较低且不稳定。这种情况下，由于进城的农民工收入不高，城市居民的工资收入并没有因此而受到冲击，农民工与城镇市民的收入差距也未能得到改善。2014年，我国虽然进行了户籍制度改革，推行了城乡统一的户口登记制度，但由于相关制度并未完善，实现城乡统一的就业、教育、医疗、养老等城乡公共服务均等化的目标还有较长的一段路要走，城乡收入差距较大的态势在短时间内难以得到有效改善。

4.2 西部地区城镇化发展态势与问题

改革开放初期，我国实施东部沿海地区优先开放发展的政策，推动了我国的工业化和城镇化的快速发展，然而，我国中西部地区与东部地区的差距也逐渐拉大。到 20 世纪 90 年代中期，区域发展不平衡已经成为我国经济增长的制约因素，区域经济发展失衡成为党和国家所面临的最紧迫的问题，成了阻碍我国经济可持续发展的重大难题。1995 年后，党和国家先后制定了一系列政策支持西部地区的发展，其中影响最大的是西部大开发战略。

4.2.1 西部城镇化的发展历程

1949 年以来，我国工业化和城镇化快速推进，如表 4-2 所示，在 60 多年的时间里，西部地区的城镇化推进取得了巨大的进步，也走过不少的弯路，总体而言可以分为如下几个时期：

第一阶段，城镇化起步时期（1949—1977 年）。新中国成立后，受苏联建设社会主义重工业发展理念的影响，我国选择了优先发展重工业的工业化模式，农产品价格被大大压低，在经济迅速发展中，农民也被边缘化。西部地区城镇数量和规模有所扩大，但城镇与农村经济发展水平和居民收入差距逐渐拉大，随之形成了长久的二元经济结构。由于这种发展方式以牺牲农业为代价，导致了城乡收入差距的加速扩大，工业化的内在动力不足，城镇产业结构低级化特征明显，城镇化发展极其缓慢，综合功能较弱。

表 4-2　　　　西部地区各省份城镇化率

年份 地区	1995 年（%）	1999 年（%）	2016 年（%）	西部大开发以来增减百分比（%）
全国	29.04	30.89	57.35	26.46
西部地区	23.18	25.90	51.51	25.61
广西	16.55	17.54	48.08	30.54
重庆	17.15	34.30	62.60	28.3
四川	16.94	18.04	49.21	31.17
贵州	13.52	14.48	44.15	29.67
云南	13.64	15.21	45.03	29.82
陕西	20.55	22.18	55.34	33.16
甘肃	23.05	23.72	44.69	20.97
青海	33.90	34.59	51.63	17.04
宁夏	26.92	28.6	56.29	27.69
新疆	34.56	35.24	48.35	13.11
内蒙古	38.22	40.98	61.19	20.21

资料来源：1995—2016 年西部各省份统计年鉴

第二阶段，城镇化加速发展时期（1978—1999 年）。改革开放后到西部大开发之前，是新中国成立以来西部地区城镇化发展的第二个重要时期，也是西部城镇化水平明显加快的阶段。城镇的数量和规模不断扩张，其正面效应也开始发挥作用。党的十一届三中全会后，成都、重庆、西安等一批大城市发展速度明显加快，与此同时，具有一定规模的城镇群如雨后春笋般开始在西部地区涌现，如位于黄土高原地区的陇西、青东城镇带等。1980 年，东部与西部地区的差距已经明显拉大，到 1999 年，全国平均城镇化水平达到 30.9%，而西部地区仅为 22.5%，而此时世界的平均水平为46%，西部地区城镇化率不到世界平均水平的一半。

第三阶段，城镇化质量提升时期（2000 年至今）。在西部大开发政策的推动下，西部地区城镇化速度有了显著提升，不仅城镇面貌焕然一新，城镇化质量也有了较大提高。西部地区逐渐缩小了与东、中部地区的城镇化差距。截至 2016 年年底，西部地区拥有成都、重庆两个人口已经超过 1 000 万的超大城市，西安、昆明、南宁三个人口超过 500 万的特大城市，而其余城市人口均少于 500 万，整体而言还是以中小城市为主。

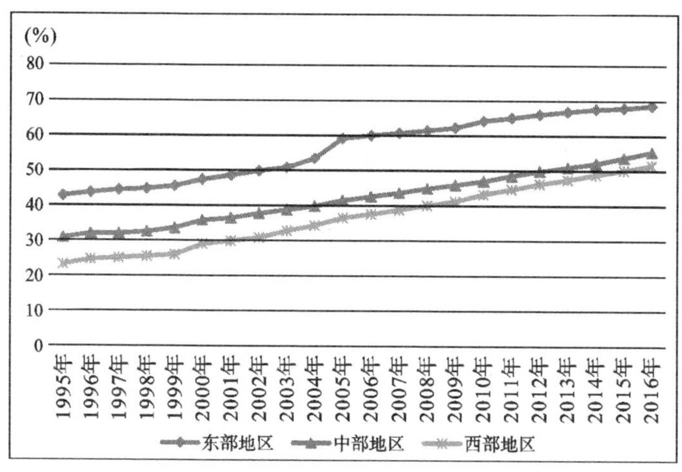

图 4-3　1995 年以来东、中、西部城镇化率走势

资料来源：1995—2016 年全国各省份统计年鉴

从表 4-2 和图 4-3 可以看出，从 1995 年到 2016 年的 22 年间，西部地区城镇化水平稳步上升。以西部大开发战略的提出为起点来看，我国西部大部分地区已进入城镇化加速发展阶段，其中发展最快的省份是陕西，城镇化率提高了 34. 79%，增长翻了一番以上，同时，重庆、陕西、青海、宁夏和内蒙古城镇人口均超过乡村人口，城镇化率过半。截至 2016 年年底，西部地区平均城镇化率为51.51%，比西部大开发前——1999年平均水平25.90%提高了25.61%，增长近一倍。虽然西部大开发以来，西部地区城镇化率有了很大的提升，但截至2016年年底，东部、中部地区①的城镇化水平已达到68.56%和55.36%，西部地区仍远远落后。此外，西部地区还面临着城镇化质量亟待提高、大城市发展不足、城镇群网络体系不健全、基础设施落后、城镇对农村的辐射带动作用有限等问题。

4.2.2 西部城镇化发展的问题

我国西部地区人口约占全国总人口的26%，面积约占全国的2/3，大部分属于欠发达地区，截至2016年年底，人均GDP为41 486元，仅为全国平均水平的77.09%，城镇化率为51.51%，低于全国平均水平约6%。西部地区仍存在制度安排缺陷、城镇结构体系失衡、特色资源开发不足、产业发展落后、农民工市民化进程缓慢等问题，影响了西部地区城镇化进程的推进和经济社会的健康可持续发展。

第一，制度安排缺陷。改革开放后，西部的城镇化与工业化发展获得了前所未有的机会，取得了一定的成绩，但与全国平均水平相比仍相去甚远。西部大开发后，西部地区加大了制度建设的力度，促进了西部经济的迅速发展，但是制度的惯性、制度影响的根植性和制度变革的滞后性，使得西部城镇化的发展过程中面临着一系列的制度障碍。城乡二元户籍制度长期存在成为农村人口向城镇转移的最大壁垒，阻碍了城镇化的顺利推进。虽然我国2014年已经实行户籍制度改革，但由于相关配

① 本书东部地区指：北京、天津、河北、辽宁、上海、江苏、浙江、福建、山东、广东、海南。中部地区指：山西、吉林、黑龙江、安徽、江西、河南、湖北、湖南。

套措施仍不完善，城乡二元结构短期内仍未有较大改善。由于城镇住房制度的限制，外来人口难以在当地落户并享受基本的公共服务和社会保障，也阻碍了人口流动的积极性。由于城镇的教育和社会保障制度仅覆盖到了拥有城镇户籍的居民，所以本地居民和外来流动人口成了对立的两个人群，不利于城镇的社会和谐稳定。另外，由于城镇化的过程中，农村为城镇的发展提供基础的积累，而城镇却未能有效带动农村的发展，西部地区欠缺对城乡统筹的制度设计，这导致了西部农村、农业的衰落，也使得西部城镇和工业的发展缺乏厚实的农村市场，进而使得城镇和工业的发展缺乏可持续性。长期的城乡分离使得西部城镇化的发展缺乏集聚效应和扩散效应，也阻碍了西部新型城镇化的顺利推进。

第二，城镇结构体系失衡。理想的城镇规模体系的基本结构应是以少量的大城市为引擎，引领部分中型城市和广大小城镇发展。西部地区由于以高原、山地丘陵地形为主，自然地理条件落后，城镇布局分散，未能形成有机的城镇化网络体系。截至2016年年底，西部除了成都、重庆这两个人口超过1 000万的超大城市，西安、昆明、南宁三个人口超过500万特大城市，其余城市人口均少于500万。西部地区除了少量的省会城市规模较大外，中型城市严重断层，小城镇发展也十分缓慢，中小城镇整体分布也十分分散。大城市稀少、中型城市断层抑制了经济的梯度扩散，加上西部地区的产业支撑的匮乏，地理位置的先天不足，造成了其城镇化发展难以获得空间经济学提出的报酬递增和规模效应。由于城镇间较少互动发展，城镇体系发展也主要由大城市向中小城市、小城镇单向的梯度扩散，中等城市对大城市的发展、小城镇对中等城市的发展未能形成回流效应和反向的产业互动，同等级别的城市间也未能形成优势互补、互相渗透的发展趋势，呈现出单中心—外围的发展模式。因此，西部现有的城镇化发展多是封闭的、静态的、缺乏关联的，较少形成开放的、动态的、产业联动的城镇网络化发展体系。

第三，特色资源开发不足。西部地区是我国重要的战略资源储备区和保障区，富含大量的矿产资源、生物资源、人文资源。由于其独特的自然条件与地理特征，西部地区还拥有丰富的风能、水能、太阳能、沼气资源等可以作为未来能源发展方向的特色资源，这些资源的人均拥有量比全国平均水平要高许多，各种核心资源在全国都具有开发利用的比较优势。但是，西部各级地方政府对特色资源的挖掘和发展重视不够，使得西部的资源优势未能转换为产业优势，带动经济的发展和城镇化的推进。对于矿产资源的开发，西部地区存在开采技术落后，资源环境破坏严重，生态环境脆弱并不断恶化的问题。虽然西部地区现有的特色旅游资源开发已经初具规模，但仍存在布局太分散，未能形成规模效应，形成高品位、高知名度的特色优势品牌。将特色资源的开发与绿色、低碳、集约的新型城镇化的推进有机结合，是新时期摆在西部各级地方政府面前的长期任务。

第四，产业发展落后。截至 2016 年年底，西部地区三次产业的比例为 11. 53： 46. 15：42. 32，第二产业仍是带动经济增长的主要产业，产业结构等级远低于东部，落后于全国平均水平，未能形成在全国甚至国际上具有竞争优势的特色产业，成为阻碍西部地区社会经济又好又快发展的主要因素。西部地区幅员辽阔，具有独特的自然地理环境，资源禀赋优势突出，但未能重视特色产业的培育。产业结构的优化和变革是促进社会经济全面发展的重要推动力，而西部地区三次产业内部的问题有：一是西部传统农牧业仍占很大比重，农业产品结构单一，不能完全适应消费多样性的需求，特色农业发展十分缓慢，现代化程度较低；二是西部地区工业发展水平落后，煤炭、石油、天然气、有色矿产等不可再生资源开采技术层次较低，浪费较大，工业产出以资源型初级产品居多，具有典型的粗放增长特征，难以实现节约资源和保护生态的目的，未能将特色资源优势转化为特色产业优势；三是西部第三产业总体规模较小，发展重点不突出，结构水平较低，仍以传统的服务型为主，具有区域特色的旅游业、物流业、商贸业、金融等现代服务业发展不完善。未能通过产业结构的升级和特色产业的发展带动农村剩余劳动力向城镇的转移，促进城镇化的推进。

第五，农民工市民化推进缓慢。由于西部地区城乡二元结构矛盾突出，农村地区发展长期滞后，农村剩余劳动力进城务工提高收入水平已经成为普遍现象。但由于城镇劳动力市场存在严重歧视、自身职业素质的不足以及农民工在城镇居住条件恶劣，西部地区农民工问题已经成为影响新型城镇化推进和社会和谐稳定的重要因素。就现有的城镇劳动力市场而言，农民工进入城镇就业只能就职于城镇的非正规部门，难以与城镇劳动者取得同等的待遇，尤其是大部分农民工未能纳入社会保障的覆盖范围，使得农民工的收入难以得到有效改善。由于农民工大部分受教育水平较低，工作技能较差，西部各级地方政府也未重视对他们职业培训的引导和支持，使得农民工人力资本累积缓慢，自我发展能力不足。就农民工的居住条件而言，由于政府缺乏关于农民工住房的各方面优惠政策，农民工未能享有住房公积金，在城镇买房置业成为他们遥不可及的梦想，使得他们的生活质量、医疗卫生、子女教育都受到严重影响。农民工市民化进程的缓慢成为西部新型城镇化推进的重要制约。

4.2.3 “一带一路”倡议对西部城镇化进程的影响

2013 年，中国国家主席习近平提出了“一带一路”的新时期发展倡议，得到国际社会高度关注。随着“一带一路”倡议的逐步推进，交通网络等基础设施在西部地区的建设投入力度将进一步加强，由于西部地区有着与多国接壤的独特地理优势，西部将迎来一个快速发展时期，西部地区的发展也将为“一带一路”倡议的顺利实施产生深远的影响。对外的互联互通是西部新型城镇化推进的必要前提，西部各省份交通壁垒的打通、相关产业的发展和对外开放的局面的打开势必将加快西部地区的新型城镇化的推进。西部地区目前处于城镇化加速阶段，在新常态的宏观经济发展背景下，借力“一带一路”倡议，未来将会产生巨大的发展机会。“一带一路”倡议将加快产业向西部转移，西部地区应抓住有利时机，形成新的发展动力，进而为西部城镇化推进创造更多有利条件。西部地区城镇化迎来了新的发展时机，如何把握机遇，推进西部新型城镇化又好又快发展成为摆在西部各级地方政府面前的重要课题。

西部城镇化的推进是实现“一带一路”倡议的基础，由于西部的人口密度较东部地区低，因此城镇化的发展模式不会走东部密集城镇化的道路，而是应该走出一条适应自身特点的新型城镇化道路。推进新型城镇化的过程中，应由过去片面追求经济增长速度和效率转向兼顾公平，扶持农村经济发展，有效防止收入差距的扩大，追求共同富裕；要由过去偏向城镇的经济政策，转向城镇带动乡村的城乡经济一体化发展；要由过去片面追求城镇规模扩大、空间扩张转变为提升城镇化质量和促进农民工市民化待遇为中心的新型城镇化发展。特殊的地理区位条件和别具特色的历史文化决定了西部城镇化建设将更多依托较大规模的中心城市，建立以大城市为核心，带动周围中小城镇群的发展，再向农村辐射，这种多中心—外围城镇群的发展方式更适合新时期西部新型城镇化的推进。西部地区应引导大、中、小城市合理布局，形成以少量高水平、大规模、具有充分带动能力的中心大城市为引擎，部分规模适中的中等城市为桥梁，大批量小规模外围小城镇为补充的西部地区城镇互动、互促的网络体系。

4.3 西部城镇化进程中城乡收入差距发展的态势与问题

4.3.1 西部城镇化进程中城乡收入差距发展历程

1995 年以来国家实施了一系列支持西部地区经济发展的优惠政策，影响最大的是西部大开发战略。西部大开发战略极大地推动了西部地区的城镇化水平的提高，同时实行初期未能注重城镇对乡村的带动作用，城乡二元化结构明显，导致了城乡收入差距的不断扩大。后来，中央政府意识到了城乡发展差距带来的各种问题，更加重视城镇对乡村的带动作用，并实施了一系列利于“三农”发展的政策调整，尤其是 2010 年西部地区实施第二轮新的西部大开发政策后，西部地区城乡收入差距有了显著的下降（如表 4-3 所示）。

表 4-3　1995—2016 年西部地区城乡收入差距

年份	城镇居民人均可支配收入（元）	农村居民人均纯收入（元）	绝对收入差距（元）	城乡收入比
1995	3 997	1 208	2 789	3. 31
1996	4 454	1 354	3 100	3. 29
1997	4 700	1 454	3 247	3. 23
1998	4 969	1 550	3 420	3. 21
1999	5 294	1 578	3 716	3. 35

表4-3(续)

年份	城镇居民人均可支配收入（元）	农村居民人均纯收入（元）	绝对收入差距（元）	城乡收入比
2000	5 655	1 669	3 986	3. 39
2001	6 217	1 728	4 489	3. 60
2002	6 768	1 830	4 938	3. 70
2003	7 203	1 955	5 248	3. 68
2004	7 991	2 195	5 796	3. 64
2005	8 766	2 383	6 383	3. 68
2006	9 721	2 582	7 139	3. 76
2007	11 346	3 025	8 321	3. 75
2008	13 010	3 517	9 493	3. 70
2009	14 238	3 807	10 431	3. 74
2010	15 782	4 417	11 365	3. 57
2011	18 121	5 263	12 858	3. 44
2012	20 568	6 025	14 543	3. 41
2013	22 655	6 858	15 798	3. 30
2014	24 327	8 274	16 053	2. 94
2015	26 145	8 975	17 170	2. 91
2016	28 543	9 775	18 768	2. 92

资料来源：1995—2016 年西部各省份统计年鉴

为了更清楚地了解西部大开发前后西部地区城乡收入差距的走势变化特点，我们选取城镇人均可支配收入和乡村人均纯收入作为衡量指标，用 1995—2016 年西部 12 个省份的城乡绝对收入差距和城乡收入的比值衡量差距的大小。表 4-3 是西部地区 1995—2016 年城乡收入差距的变化趋势。从表中我们可以看出，西部地区 1995 年以来绝对收入差距一直呈扩大趋势，城乡相对收入差距总体上经历了先震荡上升后下降的走势。从表中我们得出，1995 年以来西部农村以及城镇居民收入均有明显的增长；2006 年前，城镇和乡村人均收入年均增长率分别为 8.41%和 7.15%，由于城镇地区收入增长速度长期快于乡村地区，收入差距持续扩大。新一轮的西部大开发战略更注重城镇与乡村的协调发展，加强了城镇对乡村的扩散和带动作用，也更注重“三农”的发展。2009 年后，乡村居民收入上涨的幅度远大于城镇，城镇和乡村人均收入年均增长率分别为 11.31%和 16.80%，西部地区城乡收入比值逐渐缩小。

就绝对收入差距而言，1995 年后，西部地区城乡居民收入差距先从 1995 年的 2 789 元持续上升，增加到了 2016 年的 18 446元。从相对收入差距看，自 1999 年西部大开发提出后，城乡收入差距持续向上攀升，直到 2006 年达到峰值 3.76 倍后稍有回落，并在 2009 年达到相对高点 3.74 倍后持续下降到 2016 年的 2.92 倍。说明西部大开发的前期，国家的政策忽略了城乡的协调发展，以牺牲农村的发展带来了城镇的繁荣，城镇居民的收入显著提高，而农村地区则未能享受到更多的福利。而 2010 年后，国家新一轮的西部大开发战略布局实施，加强了城镇与乡村、工业与农业的互动，为城镇化进程中缩小收入差距提供了一系列优惠措施，有效提高了农民的收入。

根据表 4-3 及图 4-4 所示的西部城乡收入差距变化趋势，结合西部大开发前后国家实施的各项政策措施，我们可以将 1995 年以来西部地区城乡收入差距分为三个阶段：

一是城乡收入差距缓慢缩小阶段（1995—1998 年）。1995 年后西部城乡收入差距缓慢缩小，从 1995 年的 3.31 缓慢下降，到 1998 年达到城乡收入比的最低点 3.21。1995 年，党的十四届五中全会提出要正确处理区域经济发展的差异，提出要缩小东、中、西部地区的发展差距，支持西部地区发展。“九五”初期，

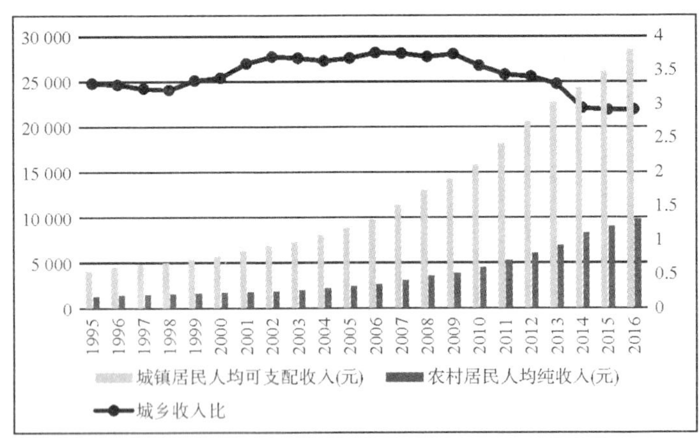

图 4-4　1995—2016 年西部城乡收入差距变化趋势

资料来源：1995—2016 年西部各省份统计年鉴

国家对西部地区的支援主要体现为不发达地区的财政转移支付方面，对西部的倾斜力度较大，西部的该项财政支出首次超过东部地区，超过 40%。中央对中、西部新增的扶贫资金的 70% 以上也都投入到了西部地区，财政转移支付和这些扶贫资金解决了贫困地区群众的温饱，这使得西部地区的城乡收入差距得到一定程度地缓解。

二是城乡收入差距震荡攀升阶段（1999—2009 年）。1999 年提出西部大开发战略后，城乡收入比从 1999 年的 3. 35 扩大到 2006 年的最高值 3. 76，期间，城镇居民收入差距年均增长 9. 07%，而农村居民收入差距年增长则仅为 7. 29%。2007 年、2008 年收入差距虽稍有下降但 2009 年仍高达 3. 74。虽然，国家制定了一系列的支持西部发展的扶持政策，但其基础设施投资主要在城镇地区，产业结构调整政策、鼓励外商投资、增加金融信贷支持力度等也更加有利于城镇发展，但是忽略了城镇对乡村的辐射带动作用，城乡经济未能协调发展，因此，西部大开发战略实施前期城乡收入差距迅速扩大。2004 年，国务院开始实行减征和免征农业税，2006 年，我国全面取消农业税，是我国为缩小城乡收入差距制定的重大战略调整，有效缓解了城乡二元经济结构的矛盾。同时，西部大开发更注重城镇对农村地区发展的带动作用，加大了支持“三农”的力度。2004 年后，西部城乡收入差距急速扩大的态势有所缓解，收入差距比值在 2007 年、2008 年均出现环比下降的趋势。说明西部大开发政策方向的转变和农业税的取消对西部城乡收入差距的缩小起到了重要作用。

三是城乡收入差距缓慢下降阶段（2010 年至今）。城乡收入差距从 2010 年的 3. 57 下降到 2016 年的 2. 92。本阶段西部城镇居民收入年均增长 10. 38%，而此时农村居民收入年均增长达到了 14. 16%。近年来，西部城乡收入差距的缩小主要得益于国家在 2010 年之后实施的西部大开发战略转型，新战略着重强调了城乡经济的协调发展，提出了城镇带动乡村的政策方向，实施了各种有利于农村经济发展的优惠政策，包括加大对农村基础设施的投入，大力发展特色农业，促进西部农业现代化发展等一系列措施。

1995 年以来，西部地区城乡收入差距经历了总体先震荡上升后缓慢下降的走势，在西部大开发之前城乡收入差距缓慢下降，在西部大开发战略实施之初的前几年，城乡收入差距急速上升，之后上升速度有所趋缓，在 2010 年国家新一轮西部大开发战略实施之后，政府加强了城镇对乡村的带动作用，城乡互动明显，西部城乡收入差距开始呈现快速下降态势，说明国家的战略转型对于西部农村经济发展和城乡收入差距的缩小起到了重要的作用。

4.3.2　西部城镇化进程中城乡收入差距发展的特点

西部地区城乡收入差距的变化趋势有着与全国相似的背景，然而由于其自然历史条件的特殊性，其发展变化也有独特的特点，表现为：

第一，区域性。西部地区作为我国少数民族主要聚居区，其发展特点与少数民族历史文化、宗教观念、民族经济等因素息息相关，有着与其他省份不同的特点。2016 年，广西、宁夏、新疆、内蒙古四个少数民族自治区的城乡收入差距平均为 2.76，而其他省份城乡收入差距则平均为 3.01，后者明显高于前者。我国少数民族大多聚居在高原、草原、荒漠和干旱地区，他们在较恶劣的自然条件下繁衍生息，由于他们特殊的生产、生活方式，这些地区的城镇化进程推进一直滞后于其他地区，但城乡二元结构和城乡生产率的差异不如汉族地区明显。西部民族地区生产力发展落后、区域发展封闭，影响了西部新型城镇化的推进和未来城乡收入差距的进一步缩小。

第二，阶段性。不同的政策变迁导致我国城乡收入差距经历了不同的变化阶段，西部地区城乡收入差距也经历了不同的发展阶段。西部大开发之前，西部地区收入差距缓慢下降，西部大开发初期，由于忽略城镇对农村的扩散和带动作用，城乡收入差距急速扩大，后缓慢震荡上行。到 2010 年，新一轮西部大开发政策更加注重城镇带动乡村和工业反哺农业，也加大了对“三农”的支持力度，西部各省份收入差距开始有所下降，西部地区总体上经历了先上升然后下降的倒 U 型趋势。由于受不同时期政策因素的影响，各个阶段收入差距的走势有着不同的特点。

第三，复杂性。西部地区收入分配的复杂表现为，西部各省份收入差距走势的扩大与收敛不具有同步性。西部地区作为全国收入水平相对落后地区，各省份间的经济发展水平参差不齐，产业结构不尽相同，引起收入差距的原因也各有不同。西部大部分省份在2010年后城乡收入差距才开始迅速缩小，而重庆、四川两省市在2006年后收入差距就已经缓慢下行，说明经济较发达、城镇化水平较高的省份城乡收入差距的缩小更快，而推进城镇化与缩小城乡收入差距需要根据每个区域的不同情况采取不同的政策措施。

4.3.3 西部城镇化进程中城乡收入差距发展的问题

通过对西部地区城乡收入差距的发展历程的分析，笔者总结了西部地区城乡收入发展的区域性、阶段性和复杂性的特点，此外，城乡收入差距的发展中存在的问题表现在：

第一，国家战略层面问题。改革开放以后，由于我国提出了“先富带动后富”的口号。国家对东部地区和城镇地区的优先发展策略确实打破了我国经济发展的桎梏，让经济得以迅速发展，起了巨大作用，尤其是东部地区和我国的部分大城市经济取得了突飞猛进的发展，人民生活质量的提升，也拉大了区域发展的差距和城乡发展差距。至今，先富的东部地区并未有效带动西部实现共同富裕，城市的发展也未能反哺农村地区，而是贫富差距越来越悬殊。东、西部地区之间和西部地区内部的城乡发展都存在巨大差距，发展差距和收入差距逐渐成为我国经济发展的约束。西部大开发战略的实施，在缩小区域发展不平衡和协调城乡经济发展方面取得了一定成绩，但是在新常态下仍需要在战略方向、发展重点、投资方式、区域开发以及发展机制上进行转型，以进一步缩小城乡收入的差距。

第二，财政转移支付力度较弱。西部大开发战略实施后，国家对西部地区的转移支付有所加强，为缩小东、西部地区的区域差异做出了一定贡献。但在进行转移支付中仍存在各级政府财权与事权划分不清，界限模糊，各级职能部门存在交叉行使权力的范围，也存在无人负责的空白区域。就现有的转移支付体系而言，西部地区的专项补贴规模仍较小，对于平衡区域间和城乡间的教育、文化、卫生以及社保等公共服务体系作用有限。国家对西部地区的税收返还政策没能从根本上触及西部产业结构落后的问题，未能形成有针对性的税收优惠来有效带动西部特色产业的发展和产业结构的升级。此外，由于西部地区的贫困地区和民族地区往往经济发展最为落后，自然条件恶劣，而财政转移支付也往往忽略这些经济基础薄弱的地区，使得财政转移支付功能未能起到均衡区域间和城乡间公共服务的作用。

第三，农村基础设施落后。西部大开发战略实施后，政府加大了对西部地区的各项基础设施投资，截至 2016 年年底，西部全社会固定资产投资年均增长达到 18%以上。但西部地区的基础设施与东、中部地区相比，尤其是农村基础设施仍处于较低水平，更缺乏与其他区域或国外的畅通联络，成为制约西部地区发展和城乡收入差距缩小的重要因素。由于对基础设施的投资存在长期的“重城轻乡”的倾向，对农村地区投入的财政支出比例较低，资金来源长期依赖政府，未能形成多元化的投资主体。农业基础设施薄弱，生活基础设施投入不足，部分农村地区与人们生活息息相关的生活用水，用电等设施仍然缺乏，通信、邮政等基础设施也长期滞后。生产设施管理缺乏，西部农业的基础设施管理由于产权不明晰而造成的所有权主体意识不强，资产损失、破坏严重等一系列问题也限制了西部农业的发展。农村信息基础设施长期不足的现状制约了西部农村经济的快速发展和城乡收入差距的缩小。

第四，农村人力资本水平低下。20 世纪 60 年代，美国发展经济学家西奥多·威廉·舒尔茨提出人力资本是经济增长的重要源泉，得到学术界的广泛认同。美国、日本、韩国等发达国家的经验也表明，农村人力资本的提升对城乡收入差距的缩小起到了重要的作用。虽然西部大开发以来，西部地区实施了旨在提高农村地区基础教育水平和人口素质的教育扶贫工程，但是由于自然条件的限制和发展基础的薄弱，西部地区人力资源发展水平仍长期落后，义务教育办学质量差、贫困导致失学的儿童较多、文盲率高、农民职业素质低下，仍是西部农村地区教育发展面临的主要问题。教育水平的落后也使得西部地区的因教育致贫的比例远超过全国平均水平，成为反贫困的又一艰巨任务。农村人力资本的低下阻碍了农业生产技术的提高，农村生产力水平长期落后于城镇地区也阻碍了城乡收入差距的缩小。

第五，农业发展缓慢。缩小城乡收入差距的关键是提高农村居民的收入，西部的农业市场化发展程度较低，经济效益较差，农业现代化推进缓慢。农业、农村的发展面临着诸多制约：一是我国西部地区农业信息化发展十分缓慢，发达地区农民通过互联网进行决策、生产和销售的先进模式还未能在西部普及，使得农业生产的效率未能显著提高；二是农业的产业化发展落后，虽然西部农村较多的农民转移到城镇务工就业，但大量的耕地闲置、荒废，政府未能加强对这些耕地的承包权的转让，引导农业规模化和专业化的生产；三是对于稳定农产品供给和降低农民生产风险的农产品价格支持与补贴制度，西部各级地方政府也未能引起足够重视，使得农民的生产积极性不高，若遇到自然灾害，收入也十分有限。西部地区农业发展缓慢，农业现代化程度不高成为缩小城乡收入差距的阻碍因素。

第六，民族地区、贫困地区发展封闭。由于西部大部分民族地区和贫困地区自然条件恶劣、交通闭塞、经济社会发展极为封闭，生产、生活方式十分落后，物质生活匮乏，使得他们与外界的联系甚少，思想观念也十分保守、落后，现代文明与先进的文化难以传入这些地区。由于民族地区和贫困地区具有高度的重叠性，贫困人口分布广泛，自我发展能力严重不足，脱贫攻坚工程的推进是这些地区需要解决的首要难题。由于资金和技术的紧缺，民族地区和贫困地区少有的特色产业也未能得到有效开发，只能进行简单、粗放的资源开采和初级加工，产业体系发展落后。由于在区域分工中长期作为资源的供给地，导致民族地区和贫困地区的先进高新技术引进和学习不足，加上物流、交通的不便，这些地区乡村与城镇的经济社会交流互动极少，成为制约西部经济发展和城乡收入差距缩小的突出因素，也成为西部社会稳定和民族团结的重大隐患。

4.4　本章小结

本章从中国城镇化的发展历程出发以我国不同阶段城镇化具有的特点不同为依据，将我国城镇化历程大致分为三个时期：城镇起步发展时期（1949—1977 年）、改革开放后的加速发展时期（1978—2000 年）、21 世纪以来的质量提升时期（2001 年至今）三个时期。分析了我国城镇化进程中的主要问题：第一，巨大的城乡收入差距。第二，人口城镇化滞后于土地城镇化。第三，“城市病”开始显现。第四，城镇规划不科学，基础设施落后。

在分析我国城镇化进程中城乡收入差距的发展历程时，笔者发现，改革开放后，我国城乡收入差距出现过短暂的缓和下降阶段，伴随着经济体制改革，城乡居民收入差距开始了震荡上升趋势，到 2007 年、2009 年城乡收入比比值都达到最高值 3.33，改革开放与经济发展所带来的财富并没有实现公平分配，农村与城镇的收入差距持续扩大。近年来，随着我国出台了一些有益于“三农”发展的政策，城镇对乡村的带动作用也更加明显，收入差距趋于缓和下降，截至 2016 年年底，回落到 2. 72 倍。我国在城镇化推进过程中，城乡收入差距面临的主要问题有：第一，城镇化进程推进缓慢，我国城镇化发展长期滞后于工业化，不利于城乡收入差距的缩小；第二，收入分配制度改革未能有效突破，城乡收入差距也难以得到有效改善；第三，我国长期实行的城镇偏向制度，使得各种资源在城镇和农村分配严重不公平，城乡收入差距持续扩大；第四，我国长期的二元户籍制度成为阻碍城乡劳动力流动的壁垒。

我国西部地区在城镇化的发展历程中经历了三个阶段：第一阶段，城镇化起步时期（1949—1977 年）；第二阶段，城镇化加速发展时期（1978—1999 年）；第三阶段，城镇化质量提升时期（2000 年至今）。在城镇化的推进过程中，西部地区也存在制度安排缺陷、城镇结构体系失衡、特色资源开发不足、产业发展落后、农民工市民化进程缓慢等发展问题。随着“一带一路”倡议的实施，西部城镇化迎来了新的发展时机，如何把握机遇，推进西部新型城镇化又好又快发展成为摆在西部各级地方政府面前的重要课题。

自 1995 年以来，西部城镇化推进过程中城乡收入差距也可以分为三个阶段，一是城乡收入差距缓慢缩小阶段（1995—1998 年）、二是城乡收入差距震荡攀升阶段（1999—2009）、三是城乡收入差距缓慢下降阶段（2010 年至今）。西部地区城乡收入差距的变化趋势有着与全国相似的背景，然而由于其自然历史条件的独特性，其发展变化也有其独特的特点，表现为：区域性、阶段性和复杂性。城镇化进程中城乡收入差距的发展问题表现在：第一，国家战略层面问题；第二，财政转移支付力度较弱；第三，农村基础设施落后；第四，农村人力资本水平低下；第五，农业发展缓慢；第六，民族地区、贫困地区发展封闭。

5 城镇化对城乡收入差距的作用机理分析

本章分析了城镇化的农业、工业和第三产业驱动机制，进一步说明了城镇化对经济增长的作用。并在此基础上，建立数学模型和理论模型，从城镇化可以创造就业机会、推进农业规模化、促进乡镇企业发展和农民工市民化促进城镇化的循环效应四个方面探讨了城镇化对城乡收入差距的影响机理。

5.1 城镇化的动力机制

5.1.1 基础理论

城镇化的过程往往伴随着产业结构的转换。1672 年，英国经济学家威廉·配第（William Petty）就提出："由于三大产业的收入差异，使得人们总是从收入低的产业转移到收入更高的产业就业。"1950 年，科林·克拉克（Colin Clark）就此问题做了进一步研究，也得出了相似的结论，于是形成了"配第—克拉克定理"。即随着经济社会的发展，劳动力将会由农业慢慢转向工业，随着经济的进一步发展，劳动者又将会从工业逐渐转向服务业。

在前人研究成果的基础上，美国著名经济学家西蒙·史密斯·库兹涅茨（Simon Smith Kuznets）在产业结构变动的成因方面做了进一步的深入研究，他整理了二十多个国家的庞大数据，通过对这些统计资料的分析，用时间序列分析方法得出了如下结论："大多数国家的农业比较劳动生产率小于1，而工业和服务业则大于1，工业和服务业的相对劳动比例是不断增加的。"①德国经济学家霍夫曼（W. C. Huffman）通过对工业结构演变规律进行研究，于1931年提出了著名的霍夫曼定理，即消费资料工业的净产值和资本资料工业的净产值之比，这个比值就是"霍夫曼比例"。

$$霍夫曼比例 = \frac{消费资料工业净产值}{资本资料工业净产值}$$

他将工业化分为四个阶段：（1）消费资料占主导地位，而资本资料不发达；（2）消费资料规模仍然较大，但资本资料发展迅速；（3）消费资料和资本资料各占一半比例；（4）资本资料大于消费资料，占主导地位。霍夫曼定理认为在工业化的推进中霍夫曼比例是不断下降。

5.1.2 农业驱动机制——最基本的推动力

农业是人类社会发展过程中的基础产业，其发展是社会工业化发展的必要条件，同时也是城镇化推进的基础。在农业发达的地区能够产生剩余劳动力、剩余资本和剩余农产品，这三种要素为在农村地区进行物物交换提供了可能性，有了物物交换之后才会出现了最早的集市。在世界经济的发展过程中，通常是在农业较为发达的地区会产生最早的城市。因此，农业对

---

① 西蒙·史密斯·库兹涅茨. 现代经济增长［M］. 北京：北京经济学院出版社，1989.

城镇化的发展发挥出了基础性作用，主要体现在：

第一，人口的增长是一个城镇发展的根本条件。城镇人口增长的首要条件是粮食的充分供应，如果没有充足的粮食供应就不会有人口的持续增长，那么城镇的规模就不会逐渐扩大。

第二，农业为城镇化的发展提供了初始原材料。轻工业是工业化发展初期的重要产业，而轻工业发展的大部分原料来源于农业，在原材料的基础上加工为工业品，带动了经济的发展。

第三，广大农村消化了大量的城镇产品，进而成为城镇产品的主要市场。在农业现代化的发展过程中，机械、化肥等工业产品大量地被送往农村以提高农业生产率，这为城市工业的发展提供了广阔的市场。

第四，农村为城镇提供了大量的劳动力和资金。工业的发展带动了机械制造业的发展，农业机械化的推进大大提高了农业的生产效率。这改变了传统农业需要大量人力耕作的方式，使得农村产生了大量的剩余劳动力，这些剩余劳动力的流动为城市工业化提供了人力保障。农产品的出口换来的外汇也为城镇化以及城镇科学技术进步积累了资本。

除了以上四点外，农业还在其他三个方面为城镇化的推进做出了贡献。一是在废除农业税以前，农业税是国家税收的重要来源之一，为城市工业化提供了资金支持；二是在资本市场上，农村居民在金融机构的存款和在资本市场购买债券同样为工业的发展提供了资金支持；三是农业与工业产品的价格“剪刀差”，间接推动了工业的成长和发展。

5.1.3 工业驱动机制——核心拉动力

自英国开始产业革命后，世界历史进入了城镇化发展时代。城镇化是工业化推进的内在要求，也是工业化发展到一定阶段的必然产物。因为工业的发展需要集中大量的人才、资本、资源，通过这种集聚效应和规模效应提高劳动生产率，这种聚集推动了城镇的发展。

第一，在工业化发展中，只有生产要素向更高收益的区位集中才会促进城镇的建立。工业化发展中存在一个重要的原则，即存在一个最低销售额，只有当销售额超过了最低销售额，投资才会产生利润，也即是“最低临界值原则”。由于资本家追求利润最大化，使得资本在不同的地区进行选择，以获得最大的收益，这就造成了生产要素的流动，促进了城镇的形成。

第二，工业化与城镇化相伴而生、相辅相成。工业化推进的两个重要的要求就是规模化和专业化。企业经济效益的提高在很大程度上都依靠明确细致的专业分工和一定水平的生产规模，而规模化和专业化必然需要大量的人力和资源的聚集，由此会进一步推动城镇化的进程。

第三，产业结构的扩张升级往往伴随着城镇规模的扩大。由于随着工业化的推进，城镇产业链会不断延伸，更多的企业开始扩充现有的工厂，城镇用地随之大幅增加。由此，产业链的衍生、产业结构的扩张与城镇化形成互相促进的效应。

第四，初始“棘轮效应”。由于投资者会关注一个地区的过去的经济发展状况，基础设施的建设，过去经济发展状况较好，基础设施较为齐全的地区能够更多地吸引投资者和企业过去建厂投资，这些新企业的建立又会进一步推动城镇化的发展。

第五，工业生产的循环累积效应。在经济社会发展过程中各种因素都会相互影响，且这种影响的效果是不断累积的。某些因素的变化会造成其他因素的改变，反过来又对其本身造成影响。例如，某一工业地区由于其良好的经济发展状况吸引了其他地区的一些发展资金，有了资金的注入，本地区的企业快速发展，形成了一个良好的市场循环，从而又进一步吸引外地去的资金进入本地区。长此以往，该地区的城镇规模就会逐渐扩张。

在工业发展的不同阶段，推动城镇化发展的主要因素也不尽相同。在初始阶段要靠聚集效应将周围的资本、劳动力、资源等聚集起来以推动城镇化的发展。在发展后期则是更多地依靠产业结构、消费结构的升级的推动。

5.1.4　第三产业驱动机制——后续拉动力

当经济发展到一定阶段，在工业化已经基本实现后，城镇化的主要推动因素就转向了第三产业的发展。第三产业的推动作用主要表现在：

第一，为生产活动提供更多的服务。第三产业为城镇提供了更多的媒体、金融、文化娱乐等的配套服务，使社会分工更加专业化。在产品的流通环节，储藏、运输、批发、零售等服务供给为产品的正常流通提供了良好的条件。另外，在企业产品的销售环节上，咨询、广告、出版的服务供给为其奠定了良好的基础。第三产业的服务就像是润滑油，在已经存在的产业基础上为其发展提供了细致发达的市场。

第二，丰富了生活消费类服务。当经济发展到一定阶段，居民生活质量也不断提高，物质和精神上的需求都相应地大幅度增加。其中包括咨询、文化享受、教育需求、旅游度假、产品购买等，需求的增加会带来市场的发展，所以这些不断增加的需求创造了大量的商机，带动了社会相关产业的发展。服务业对劳动力的大量需求也促进了城镇化的推进。

第三，第三产业通过集聚作用推动城镇化发展。由于第三产业是一个劳动力需求量较大的产业，大量的第三产业就业人口通过集聚效应来到城镇，城镇广阔的市场也促进了生产要素的进一步集中，从而加速了城镇化进程。

总而言之，农业、工业和服务业作为三种最基本的因素推动了城镇化的发展。在这三种因素中，农业主要起到了为城镇化提供原材料、富余劳动力的作用；工业的不断升级换代为城镇化提供了基本动力；在工业化发展的后期，服务业将会是城镇化发展的重要推动力量。未来高新技术产业和信息技术产业将会是城镇化发展的核心动力，他们将会成为吸引劳动力的主要支柱产业。

5.2 城镇化与经济增长的关系

城镇化的本质是人口不断向一个区域汇集的过程，人口和技术的集中能够带来正的外部性，这有助于提高生产率，推动经济发展。随着一国的制造业和服务业份额不断上升，集聚效应对城镇发展的推动作用愈加明显。1999—2000 年的世界发展报告在统计分析了很多国家的城镇化发展过程后，得出城镇是经济增长的引擎，是经济增长的动力源泉的结论。

5.2.1 城镇化推动经济增长的理论

在涉及城镇化与经济增长的关系时，几种不同的理论流派从不同的视角出发对城镇化推动经济发展的机制进行了阐述。

5.2.1.1 内生增长理论

内生增长理论的重要特点是将知识、技术和扩散效应融入增长模型。Lucas（1988）提出，城市是知识外溢的主要扩散地，也是技术创新的主要发生地。由于聚集效应形成的城市作为信息、技术和知识中心，具有很多的优势，例如形成区域创新网络、各产业深度融合等。城市作为集聚效应的主要发生地，其专业化与规模化优势，有利于知识和信息的传播，带动科技的进步，成为经济增长的引擎。人力资本在这里更容易得到迅速提升，城市更有利于解决劳动力匹配、剩余的问题。在城市中有更多的工作机会、更好的受教育机会、更高的工资水平、更高的医疗水平和更完善的基础设施能够吸引更多的优秀人才向城镇靠拢。另一方面城市中大量的企业对人才的需求更大，能够为具有各种特殊技能和天赋的人才提供更多的工作岗位。虽然内生增长研究的因素较广阔，城镇化只是众多因素中的一种，但城镇为知识和技术的扩散提供了天然的实验基地。

5.2.1.2 非均衡增长理论

佩鲁于1955年提出增长极理论，认为城镇作为产业集聚和区域经济活动的中心，在发展自身产业的同时，也能对周围地区经济发展产生辐射和带动作用。1957年，缪尔达尔提出，由于地区发展差异形成的二元经济会使得发达的地方更加发达，而落后的地方更加落后，即所谓循环累积因果效应。1958年，赫希曼提出经济发展的过程中，城镇一般会快于农村的发展，这是经济发展的必经过程。20世纪60年代，弗里德曼在前人研究的基础上进行了拓展，提出了中心—边缘理论，认为城镇的发展往往伴随着极化效应与扩散效应，极化效应扩大城镇和乡村的发展差距，而扩散效应则具有缩小城乡发展差距的作用，两种效应共同作用下区域经济会不平衡发展。

5.2.1.3 新兴古典经济学

新兴古典经济学通过假设人们居住地点是固定的，建立了城镇分工和专业化的模型，认为城镇的空间集聚有利于人们缩短交易的距离和成本。同时运用超边际分析的方法，分析了由于边际报酬递增带来的劳动者的学习成本的降低，促进城镇专业化的分工，对于产业规模的扩大和生产技术的提高具有重要的促进作用。由此，城镇化通过降低交易成本，提高交易效率来推动经济增长。

以上各流派理论都说明了城镇化水平的提高有助于推动经

济增长。然而在城镇化发展的过程中也伴随产生了一些负面效果，例如日益加深的环境污染、日益拥挤的住房、日益拥堵的交通、日益饱和的人才市场等。但是国内外学术界公认的事实是城镇化的正面效果远远大于负面效果。

5.2.2 城镇化对经济增长的作用机制

学者们的研究说明了城镇化与经济增长有着密切的关系，那么城镇化对经济增长的影响机制是什么呢？我们就此从如下四个方面进行说明：

第一，城镇化促进农业现代化。随着城镇化的推进，农村的大量剩余劳动力会向城市流动，农村会剩下少量的人口。人口减少有利于土地的集中，从而促进农业的机械化、规模化和产业化的发展。更先进的生产工具销向农村，也带来了农业生产技术的进步，推进农业的现代化发展。随着城镇规模的扩大，城镇人口增多，城镇对农产品的需求也不断增加，这也将促进农业生产力的发展。另外，当工业发展到一定阶段后，工业反哺农业的政策的实行，也将会加速农业资本的积累（林玲，1995）。

第二，城镇化发展刺激工业品需求。一般来说，较多农产品为生活必需品，因此其收入弹性较小。相对于农产品来讲，工业品的可替代性较强，收入弹性更大。随着城镇规模的扩大和居民收入的提高，对工业品种类和数量的需求大大增加，促进了产业结构的升级和优化，带动经济增长。

第三，城镇化促进服务业规模不断壮大。当工业化发展到一定阶段，随着城镇化的推进和科技的进步，人们的生活需求从基本的商业贸易扩展到对金融、教育、文化、娱乐等服务业的需求，并且在此过程中，由于竞争的加剧，第三产业开始了自我发展和自我升级的过程。

第四，城镇化带动区域经济发展。除了促进三大产业的发展外，城镇化还能通过扩散效应带动区域整体经济的增长。城镇化水平越高说明城市的数量越多，规模越大，因此城市对农村的扩散效应将会越强，这将有利于带动农村的经济发展。总体而言，城镇化影响经济增长机制如图 5-1 所示。[①]

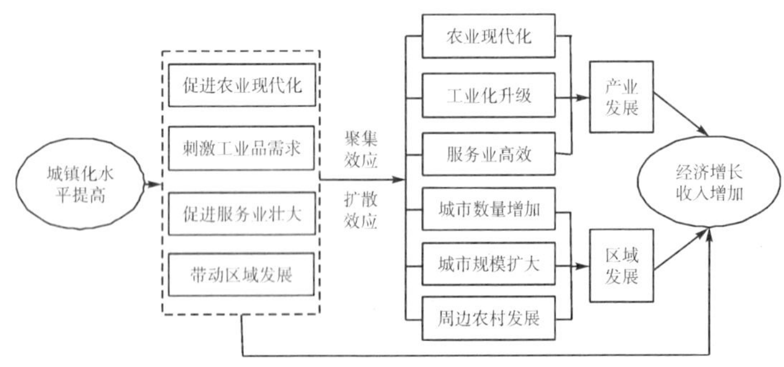

图 5-1　城镇化推动经济增长的机制

另外，城镇化水平的提高有利于促进知识和信息的交流和扩散。城市中较多的人口和较为完善的产业结构大大提高了人与人之间交流的可能性，同时也创造了使技术更好地扩散、教育更好地集中的环境（贝洛克，1991）。随着城镇化的推进，劳动分工更加细致，有利于提高劳动生产率，也促进了竞争，推动经济增长。

① 程开明. 城市化与经济增长互动机制及理论模型评述［J］. 经济评论，2007（4）：143-150.

5.3 城镇化影响收入差距的机制

5.3.1 城镇化影响城乡收入差距的理论模型

5.3.1.1 基础模型

由于现有的模型大多仅考虑了城镇与农村之间的人口流动，较少考虑到区域间的人口流动。而改革开放以来，我国劳动力从农村向城镇流动和西部向东部地区流动往往是并存的，因此，在建立模型时要考虑到不同地区之间劳动力两部门的交叉流动。在研究人口流动时，本书将全国分为A、B两个区域，每个区域有城镇和农村两个部门。按照省级层面划分，我国省份众多，可以根据不同标准划为很多不同地区，但是为了能达到简化模型的目的，可以将某一地区为迁入地（迁出地），其余地区均为迁出地（迁入地）。

本书构建模型的思路借鉴陆铭、陈钊（2004）以及孙臣华（2012），在考虑区域内部农村与城镇人口的流动外，又考虑到人口的跨区域迁移两种类型。假设该区域农村与城镇人口数量分别为 p 、q ，他们的人均收入分别为 x 、y ，流动人口在农村的收入为 e_1，迁移到城镇后收入为 e_2，（一般而言，$e_2>e_1$，否则就不会存在农村人口的转移）。此外，假设本地农村人口流动到本地城镇和外地城镇的人口分别为 a ，b ，从外地农村转移到本地城镇的人口为 c（为了使研究的对象更加明晰，我们暂时忽略农村之间的人口转移）。那么在发生转以后本地区的城镇人口为 $q+a+c$ ，农村人口为 $p-a-b$ ，那么城乡人均收入比值则为：

$$r=\{[q*y+(a+c)e_2]/(q+a+c)\}/\{[p*x-(a+b)e_1]/(p-a-b)\}$$

为了简化模型，我们假设劳动力的流动有利于城乡收入差距的缩小，即 $r < \frac{y}{x}$，因此有：

$$\frac{[q*y+(a+c)e_2](p-a-b)}{[p*x-(a+b)e_1](q+a+c)} < \frac{y}{x} \tag{1}$$

令 $T=\frac{q+a+c}{p-a-b}$，则有

$$T=\frac{城镇人口数}{农村人口数}=\frac{城镇人口数/总人口}{农村人口数/总人口}=\frac{城镇化率}{1-城镇化率}$$

$q+a+c$ 即为转移后的城镇化水平，则不等式（1）变为：

$$\frac{[q*y+(a+c)e_2]}{[p*x-(a+b)e_1]} < \frac{y}{x}*T \tag{2}$$

由于 $e_2>e_1$，$q*y+(a+c)e_2>q*y+(a+c)e_1$，此时不等式（2）可以变为

$$\frac{[q*y+(a+c)e_1]}{[p*x-(a+b)e_1]} < \frac{y}{x}*T \tag{3}$$

令 $A=\frac{y}{x}*T$，则不等式可以变为：

$$z_1 < \frac{Apx-qy}{(a+c)} < \frac{y}{x}*T=y\frac{pT-q}{(a+c)+\frac{y}{x}*T(a+b)} \tag{4}$$

令 $y\frac{pT-q}{(a+c)+\frac{y}{x}*T(a+b)}=K$，则由（4）可知，$e_1=K$ 为临界值，此时城乡收入差距不发生变化；当 $e_1>K$ 时城乡收入差距扩大；当 $e_1<K$ 时城乡收入差距缩小。而 e_1 的决定因素有本地初始农村与城镇人口 p、q，城乡收入差距 $\frac{y}{x}$、本地的城镇人口（$a+c$）、本地农村总的流动人口（$a+b$），和人口流动

后的城镇化水平 T 。至此，城乡收入差距的变化仍难以判定，在上述基础上，我们加入柯布-道格拉斯（C-D）生产函数进行拓展。

与上述假设类似，我继续假设存在 A、B 两个区域，A 地区经济更加发达，收入水平比 B 地区更高，假设他们各自有城镇与农村两个部门，城镇的收入水平始终高于农村地区，B 地区的城镇居民收入大于 A 地区的农村收入（因为只有这样才会存在 A 地区的农村居民向 B 区转移的可能性），假设 A、B 地区都具有同样的生产函数，为了简化，我们均采用柯布-道格拉斯（C-D）生产函数，城镇主要利用劳动力和资本进行生产，农村主要利用劳动力和土地进行生产，因此，我们有：

A 区域城镇与农村各自的生产函数为：

$$Y_{UA} = L_{UA}^{\alpha} K_{UA}^{1-\alpha}, Y_{RA} = L_{RA}^{\beta} K_{RA}^{1-\beta}, 0 < \alpha < 1, 0 < \beta < 1$$

B 区域城镇与农村各自的生产函数为：

$$Y_{UB} = L_{UB}^{\alpha} K_{UB}^{1-\alpha}, Y_{RB} = L_{RB}^{\beta} K_{RB}^{1-\beta}, 0 < \alpha < 1, 0 < \beta < 1$$

另外假设 A 区域农村与城镇的劳动力人口分别为 pa、qa，B 区域农村与城镇的劳动力人口分别为 pb、qb，由于 A、B 两个区域农村与城镇具有收入差距，由刘易斯模型及 HT 模型，劳动力有从低收入区域向高收入区域流动的动力。我们先从劳动力的区域内部流动开始，再逐步放开条件。①

5.3.1.2 区域内部流动模型

假设劳动力仅在各自区域内流动，仅由于农村地区流动到本地的城镇，则类似于传统的两部门模型。我们假设农村与城镇的人均收入等于各自的边际产出，那么城乡收入比值等于各自的边际产出比值。就 A 区域而言，仅发生区域内部的农村向

① 孙臣华. 城镇化进程中的城乡收入差距演变及其对经济增长的门限效应[D]. 济南：山东大学，2012.

城镇人口流动，流动的人口为 h，转以后 A 区域城镇人口为 qa+h，农村人口为 pa-h。

转移前：A 区域城镇与农村人均收入分别为：

$w_{UA} = \alpha * (qa)^{\alpha-1} K_{UA}^{1-\alpha}$，$w_{RA} = \beta * (pa)^{\beta-1} T_{RA}^{1-\beta}$；

转移后：A 区域城镇与农村人均收入分别为：

$\bar{w}_{UA} = \alpha * (qa + h)^{\alpha-1} K_{UA}^{1-\alpha}$，$\bar{w}_{RA} = \beta * (pa - h)^{\beta-1} T_{RA}^{1-\beta}$，

此时，$r = \dfrac{\bar{w}_{UA}}{\bar{w}_{RA}} \dfrac{w_{RA}}{w_{UA}} = \left(\dfrac{qa + h}{qa}\right)^{\alpha-1} \left(\dfrac{pa}{pa - h}\right)^{\beta-1} < 1$

我们可以知道：区域内部农村劳动力向城镇的转移会缩小城乡收入差距。

5.3.1.3 跨区域流动模型

假设存在区域间的人口流动，A、B 两个区域的农村劳动力除了内部的流动，还会向异地流动。设 A 区域农村向城镇和向 B 区域流动的劳动力人口分别为 p_1、p_2，B 区域农村向城镇和向 A 区域城镇流动的人口分别为 p_3、p_4。那么人口流动后，A 区域城镇人口数量为 qa+p_1+p_4，农村人口数量为 pa-p_1-p_2，B 区域城镇人口数量 qb+p_2+p_3，农村人口数量为 pb-p_3-p_4。一般而言，人们会向收入水平更高的区域迁移，那么该区域的外来人口比例就会较高，同时，本区域的人口也较少向其他区域流动。那么，B 区域农村向 A 区域城镇流动的人口多于 A 区域农村向 B 区域城镇流动的人口，即 $p_4 > p_2$。

转移前：A 区域城镇与农村人均收入人别为：

$w_{UA} = \alpha * (qa)^{\alpha-1} K_{UA}^{1-\alpha}$，$w_{RA} = \beta * (pa)^{\beta-1} T_{RA}^{1-\beta}$

此时，B 区域城镇与农村人均收入人别为：

$w_{UB} = \alpha * (qb)^{\alpha-1} K_{UB}^{1-\alpha}$，$w_{RB} = \beta * (pb)^{\beta-1} T_{RB}^{1-\beta}$

转移后：A 区域城镇与农村人均收入人别为：

$\bar{w}_{UA} = \alpha * (qa + p_1 + p_4)^{\alpha-1} K_{UA}^{1-\alpha}$，

$\bar{w}_{RA} = \beta * (pa - p_1 - p_2)^{\beta-1} T_{RA}^{1-\beta}$

此时，B 区域城镇与农村人均收入人别为：

$\bar{w}_{UB} = \alpha * (qb + p_2 + p_3)^{\alpha-1} K_{UB}^{1-\alpha}$，

$\bar{w}_{RB} = \beta * (pb - p_3 - p_4)^{\beta-1} T_{RB}^{1-\beta}$

此时 $r_A = \frac{\bar{w}_{UA}}{\bar{w}_{RA}} \frac{w_{RA}}{w_{UA}} = \left(\frac{qa + p_1 + p_4}{qa}\right)^{\alpha-1} \left(\frac{pa}{pa - p_1 - p_2}\right)^{\beta-1} < 1$

$$r_B = \frac{\bar{w}_{UB}}{\bar{w}_{RB}} \frac{w_{RB}}{w_{UB}} = \left(\frac{qb + p_2 + p_3}{qb}\right)^{\alpha-1} \left(\frac{pb}{pb - p_3 - p_4}\right)^{\beta-1} < 1$$

由此可以得出：农村劳动力的跨区域流动将会缩小本区域和迁入区域的城乡收入差距。

由上述模型可知，总体而言，区域内部的农村人口向城镇转移将会缩小城乡收入差距，劳动力的跨区域流动也有助于缩小城乡收入差距。

5.3.2 城镇化对城乡收入差距影响的途径

在上文中我们探讨了城镇化通过推动农业现代化、刺激对工业品的需求、促进第三产业规模扩大和带动区域经济发展来推动经济增长。国内外学者们对城镇化影响城乡收入差距的实证研究较多，而两者的作用机制则鲜有涉及。那么，城镇化通过哪些途径影响城乡收入差距呢？如图 5-2 的所示，下文将从四个方面进行说明：

第一，城镇化创造更多的就业机会，提高农民的收入。城镇化过程中，由于城镇有着更高的期望收入使得更多的农村剩余劳动力向城市转移，由于城市更高的劳动工资率，这将显著提高进城农民工的收入。大部分进城农民将工资寄回给在农村居住的亲人用于改善生产、生活条件，直接提高这部分农民的收入，缩小了城乡差距。随着城镇的扩张，城镇的交通、通信、管网等基础设施建设需要更多的劳动力，这时农村转移的劳动力就成为城镇建设的主力。随着更多劳动力在城市集中，更多

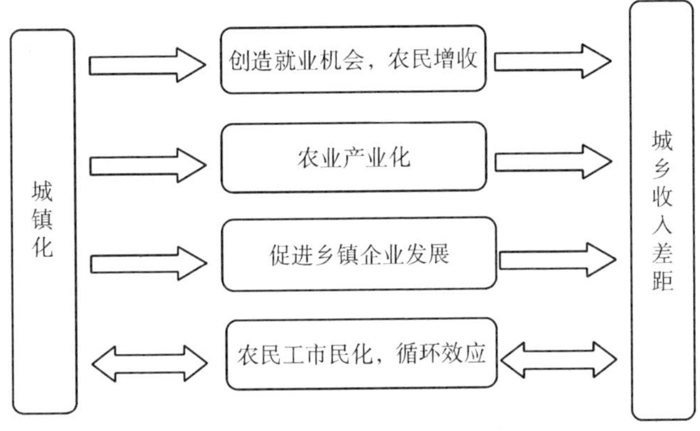

图 5-2　城镇化影响城乡收入差距的途径

的资金、信息、技术等在城市产生巨大的集聚效应和规模效应，城镇经济实力的进一步增强，城镇产业开始多元化发展。城镇化的产业升级过程，使得更多的劳动者进入第三产业，加速了金融、服务、通信、文体、娱乐、旅游等的快速发展。由于第三产业能吸收较多的劳动力，这些产业的形成和发展也为进城的农村劳动力提供更多的就业岗位，于是加速了农村人口的转移，增加了他们的收入。

第二，城镇化是农业产业化的前提。农业生产率的提高是农民增收的必要条件，而农业规模化和产业化是生产率提高的主要途径。农村人口过多将会制约土地的规模化经营，也会阻碍农村经济结构的升级。城镇化的推进，吸纳了更多的农村剩余劳动力，为农村土地的集约利用提供了良好的契机，土地的集约化使用使得农业能够进行规模化经营，在一定的规模基础上能够使用大型机械和现代化的种植技术，有利于促进农业向产业化和现代化发展，提高农业生产率，增加农民的收入。城镇化的推进还有利于知识、信息和科学技术向农村扩散，提高农业生产的科技含量，有利于农民利用信息技术进行生产指导和销售农产品，对于农产品品种的优化和质量的提高具有重要的促进作用。随着城镇化水平的提高，农村剩余劳动力大量地转向城镇，农村人口的数量相应减少，农村资源的人均占有率会相应地提高。当农村居民收入水平也随之相应提高后农村的消费水平也会逐步的提高，这必然会带动旅游、医疗等各个产业的发展，优化农村的经济结构，又会进一步增加农村居民的收入。

第三，城镇化是乡镇企业发展的必然要求。西部大开发后，西部农民收入来源正在逐步转向以乡镇企业为主体的非农产业，乡镇企业为农村工业化和吸纳农村剩余劳动力方面做出了巨大贡献。乡镇企业吸收农村劳动力的最大特点是离土不离乡，这造成了农民可以在家乡进行就地城镇化。这也促进了工业化在农村地区的推进，有利于农村产业结构的升级改造，也改变了现代农村的经济发展方式。新型城镇化的经济基础是产业的非农化。当农村向城市转变时，必然会以农业的发展为基础以带动其他非农产业的发展，在这个过程中相应的生产和生活的空间组织形式会从农村型向城市型变化。当乡镇企业发展到一定阶段，通过规模经济将会推进乡镇的产业集聚，并带动乡镇规模的进一步扩大。根据西部的特点和发展现状来看，必然要凭借国家的优惠政策和管理的创新来推动新型城镇的发展，突出西部小城镇的特色，发展相对应的特色产业，创造乡镇企业能够更好地发展所需要的外部环境，为农民增收提供源源不断的动力。

第四，通过农民工市民化进程缩小城乡收入差距，并形成循环累积效应。收入差距的缩小使得更多农村居民有能力迁移到基础设施更好的城镇，在城镇工作、生活、置业，反过来又加速了城镇化进程，形成了正向的良性循环效应。近年来，西部推进了以人为本的新型城镇化战略，部分省份在大中城市提出了解决部分农民工的社会保障问题，包括养老、医疗和失业保险等，农民工群体全面社会保障制度也在进一步的探索中。在户籍制度方面，部分省份已经建立有序的准入制，进一步降低了门槛，允许符合具有稳定收入和可靠职业的外来人口在经常居住地落户，引导流动人口融入城市。在住房方面，部分省份也实行了政府为农民工提供保障性住房，这些廉租房、经济适用房和政策性租赁住房也有效改善了农民工的居住和生活条件。在农民工子女的教育问题上，西部地区各省份政府也努力解决农民工子女的九年义务教育，对所有进城务工就业农民子女采取就近入学的制度，部分城市还设立的爱心帮扶机构，促进农民工子女享受同城待遇。农民工的市民化进程使得农民工的待遇得到有效提高，城乡收入差距进一步缩小，有条件的农民工选择举家迁移长期在城镇定居，形成了一种良性的循环累积效应，反过来推动了城镇化的发展。

总而言之，城镇化通过创造就业机会，促进农业规模化，促进乡镇企业发展直接提高农村居民收入，另外，通过农民工市民化进程缩小城乡收入差距，进一步加快城镇化步伐，产生良性的循环累积效应。

5.4 本章小结

为分析城镇化对城乡收入差距的作用机理，笔者首先分析了城镇化的动力机制。在总结前人的研究成果的基础上，笔者将城镇化的动力机制分为：农业驱动机制——最基本的推动力、工业驱动机制——核心拉动力、第三产业驱动机制——后续拉动力。在工业发展的不同阶段，起主要作用的因素也各不相同。在这三种因素中，农业主要起到了为城镇化提供原材料、富余劳动力的作用；工业的不断升级换代为城镇化提供了基本动力；在工业化发展的后期，服务业将会是城镇化发展的重要推动力量。

其次，笔者分析了城镇化与经济增长的关系，现有的城镇化影响经济增长的理论流派主要包括：内生增长理论、非均衡增长理论、新兴古典经济学等，各流派理论都说明了城镇化水平的提高有助于推动经济增长。在前人的研究基础上，笔者提出了城镇化对经济增长的作用机制，主要包括：第一，城镇化促进农业现代化；第二，城镇化发展刺激工业品需求；第三，城镇化促进服务业规模不断壮大；第四，城镇化带动区域经济发展。

最后，笔者提出了城镇化对城乡收入差距的机制。笔者从建立基础的数学模型入手，不仅考虑了区域内部农村与城镇间的人口流动，还特别分析了区域间的人口流动。模型结果说明，区域内部的农村人口向城镇转移将会缩小城乡收入差距，劳动力的跨区域流动也有助于缩小城乡收入差距。然后，笔者探索性地提出了城镇化对城乡收入差距影响的途径，主要包括：第一，城镇化创造更多的就业机会，提高农民的收入；第二，城镇化是农业产业化的前提；第三，城镇化是乡镇企业发展的必然要求；第四，通过农民工市民化进程缩小城乡收入差距，并形成良性的循环累积效应。

6　中国西部城镇化对城乡收入差距影响的实证分析

在本书第五章我们探讨了城镇化对城乡收入差距的作用机理，为了进一步分析西部城镇化对城乡收入差距的作用大小，本章将首先进行库兹涅茨倒 U 型曲线的验证，并构建理论模型，对西部城镇化对城乡收入差距的影响进行实证检验。

6.1　库兹涅茨倒 U 型曲线在西部地区的验证

6.1.1　库兹涅茨倒 U 型曲线在中国的验证

1955 年，西蒙·史密斯·库兹涅茨（Simon smith Kuznets）提出其著名的库兹涅茨倒 U 型假说之后，长期以来，世界各国的学者们对它的研究热情经久不衰。陈宗胜（1991）运用数据检验证明了东欧国家以及我国的经济发展水平与收入差距均存在倒 U 型关系。他认为库兹涅茨倒 U 型曲线是以资本主义私有制为背景提出的，其基本内容的适用范围不包括公有制经济，只适用于私有经济。在公有制经济中，关于资本对收入分配的影响、城市内部差别大于乡村内部差别等假定是不成立的，因此他严格根据公有制经济发展的实际状况提出了“公有制经济的收入差距倒 U 型曲线”。他于 2002 年验证了公有制经济倒 U 型曲线在我国是存在的，并提出了适合我国国情和经济体制的“双重过度”的陈氏倒 U 型曲线学说。刘荣添（2006）运用 GMM 方法对我国 30 个省市的城乡收入差距进行了验证，发现他们与经济发展水平间存在倒 U 型曲线的关系，但不同省份曲线的弯曲程度各异。周云波（2009）首先建立了农村与城镇两部门理论模型，用该模型说明了我国库兹涅茨倒 U 型现象出现的主要原因是城镇化，并用实证的方法进行了验证，得出我国城乡收入差距的拐点将出现在 2006—2009 年。李志军等（2012）通过计量的方法分析了我国金融发展与城乡收入分配的关系，发现我国金融发展与城镇内部、乡村内部和城乡收入差距均存在倒 U 型关系。刘田（2013）运用泰尔指数检验了我国城乡收入差距的收敛性，得出随着城镇化的推进，我国经济增长和教育发展水平均符合倒 U 型的关系。

也有学者对库茨涅茨倒 U 型假说提出质疑，认为该理论只是在某些地区经济发展的某些阶段才存在，并不是适用于任何国家任何阶段。李实等（1999）运用 1988—1995 年我国 10 个省份的数据研究了我国的收入分配情况，发现基于基尼系数的我国收入差距变化不符合库兹涅茨假说，我国农村是持续扩大的，城镇收入差距是震荡攀升的。王小鲁等（2005）研究了我国 30 个省份 1996—2002 年间的数据，首先测算了我国城乡收入比值和城镇、农村居民收入的基尼系数，然后运用面板数据模型进行了检验，得出库兹涅茨倒 U 型曲线关系并不能适用于近几年内我国城乡收入差距的变化趋势，但是城镇和乡村两个主体内部的收入差距可以用库兹涅茨倒 U 型曲线来进行解释。刘兴赛（2011）通过经济发展理论和要素分配理论分析得出，我国 2009 年以前收入差距不存在库兹涅茨倒 U 型曲线关系。总之，从发展经济学研究的已有成果看，库兹涅茨的现象在中国是否存在仍然是一个有待理论证论和实证检验的假说。

6.1.2 库兹涅茨倒 U 型曲线在西部地区的验证

1995 年以来，中国政府开始重视我国区域经济发展失衡的问题，制定了一系列的扶持西部地区的政策以缩小东、西部地区发展差距。其中主要包括：促进基础设施建设、加强生态环境建设、调整产业结构、大力发展科技教育、扩大对外开放、深化经济体制改革、扩宽资金渠道等众多优惠政策，取得了显著成效，西部地区经济发展加速，人民生活水平稳步上升。然而，在政策实施的初期，更多地惠及了城镇居民，2006 年前，西部城镇居民人均收入年均增长 8.41%，而农村地区则仅为 7.15%，使得农村地区与城镇收入水平持续扩大，1995 年城乡绝对收入差距为 2 773 元，截至 2006 年年底，已经扩大到 7 139 元，城乡收入比值也达到 3.76 的高点。2010 年，国家实施新一轮西部大开发十年规划以后，由于侧重于城镇对乡村的带动作用，也加大了对农村地区的支持，西部地区城乡收入差距自 2010 年后持续下降。西部大开发战略自 2000 年实施以来已经进入第十八个年头，通过第四章的分析我们可以知道，西部地区整体的收入差距经历了先震荡上升后下降的总体趋势，然而西部各省份在西部大开发前后是否存在数学意义上的库兹涅茨倒 U 型曲线，我们将运用 1995—2016 年西部 12 个省份的面板数据进行检验。

国外研究经验表明，经济发展水平与收入差距往往呈非对称型的关系。图 6-1 为西部地区 1995—2016 年的分省散点图，在某种程度上也呈现出类似的非对称形态。为了更精确检验西部地区城乡收入差距与经济发展是否符合库兹涅茨假说，本书设定如下含有二次项的线性模型（1）和（2），并运用 1995—

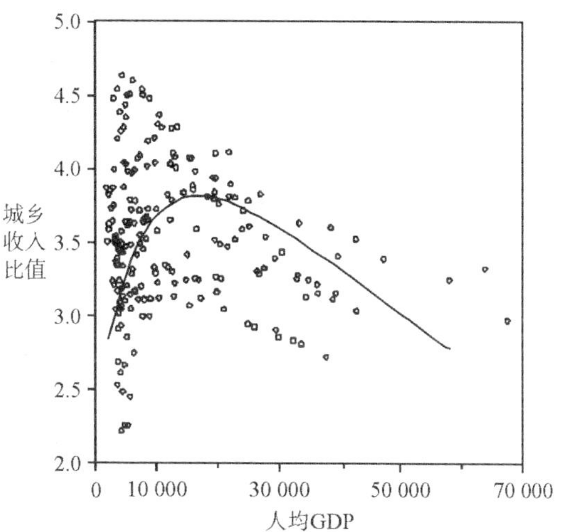

图 6-1　西部地区分省份人均 GDP 与城乡收入差距的关系（1995—2016）

资料来源：1995—2016 西部各省份统计年鉴

2016 年西部 12 个省份的面板数据对西部地区城乡收入差距走势进行检验（人均 GDP 已换算为 1995 年不变价格）。

$$R_{城/乡} = \delta_i + \alpha_1 \mathrm{GDP}_{it} + \alpha_2 (\mathrm{GDP}_{it})^2 + \varepsilon_{it} \quad (1)$$

$$\ln R_{城/乡} = \delta_i + \beta_1 \ln \mathrm{GDP}_{it} + \beta_2 (\ln \mathrm{GDP}_{it})^2 + \varepsilon_{it} \quad (2)$$

其中，$R_{城/乡}$ 为城乡人人均收入比值（城镇人均可支配收入/乡村人均纯收入），GDP_{it} 为第 i 省第 t 年的人均 GDP，$\ln R_{城/乡}$ 和 $\ln\mathrm{GDP}_{it}$ 分别为城乡收入差距比值和 GDP 的对数。α、β 为变量系数，δ_i 为截距项。以上适用于固定效应模型，若为随机效应模型，上式中的 δ_i 换为 δ。

表 6-1　　西部地区城乡收入差距模型回归结果

变量	模型（1）	模型（2）
	$R_{城/乡}$	$lnR_{城/乡}$
GDP $(GDP)^2$	9.85E-05* (4.64E-06) -1.44E-9*** (1.02E-10)	
ln GDP		1.120 7*** (0.167 6)
$(\ln GDP)^2$		-0.060 9*** (0.008 9)
Constant	3.382 1*** (0.063 2)	-3.875 5*** (0.783 6)
R^2	0.545 2	0.597 0
F 检验	19.846 1*** p=0.000 0	24.216 2*** p=0.000 0
Hausman 检验	86.088 7*** p=0.000 0	8.128 2** p=0.017 2

注：估计结果由 Eviews8.0 统计软件计算得到；括号内为标准差；***、**、*分别表示在 1%、5%、10%水平上显著，下同

根据回归结果，两模型的二次项系数均为负，一次项系数均为正，他们的拟合曲线都在某种程度上表现出上升然后下降的特征。其中，双对数模型各变量均在 1%的统计水平下显著，且双对数模型的 R^2 达到 0.60，高于普通二次型，能更好地反应收入差距变化趋势，如表 6-1 所示。说明其他条件一定时，西部地区城乡收入差距在随着人均 GDP 的增加，经历先上升后下降的趋势。根据模型（1）我们求出倒“U”模型的拐点在城乡收入比值约为 3.42 时出现。因此，西部地区城乡收入差距在 2006 年左右开始下降，与观察数据相符，截至 2016 年年底，西

部地区城乡收入差距远低于 3. 42，各省份均在直到达到各自的拐点而后出现下降趋势，因此本模型在一定程度上能说明西部经济发水平和城乡收入差距的关系。

总而言之，西部城乡收入差距的变动趋势在数学意义上具有库兹涅茨曲线的特征，西部总体的城乡收入差距拐点为 3. 42。虽然西部各省份的拐点不尽相同，但西部各省份均已经进入库兹涅茨倒 U 型曲线的拐点之后的收入差距下降趋势阶段。

6. 2 模型构建

城镇化是经济发展的必然结果，也是提高人民生活水平的有效途径，城镇化的推进不仅可以创造更多的就业机会，也可以带动经济的增长。在工业化中后期，城乡二元制结构还比较明显的情况下，由于城镇化的推进能有效地提高居民的收入水平，所以，二者存在一定关联性的。为了深入探讨两者之间的关系，本部分先构建相关的计量模型。

6. 2. 1 理论基础

国外关于城镇化与城乡收入差距之间的关系研究已经有一些较权威的文献。发展经济学家刘易斯（Lewis）（1954）提出生产效率较高的现代工业和落后的传统农业在发展中国家并存的现象十分普遍，这种二元经济使得城乡收入差距长期存在。由于市场机制不完善，若缺少政府调控，这种差距将会越来越大，因此政府应进行适当的干预。托达罗（Todaro）（1969）提出由于城镇与农村在预期收入上的差距，农村人口更愿意向收入更高的城镇迁移，从而有利于缩小城乡收入差距，预期差距越大就更能促进农村剩余劳动力的转移。国外学者们认为，若农村人口向城镇转移的壁垒消除，实现无阻力流动，那么将会有利于城乡收入差距的缩小，因此，消除现有流动障碍是成功缩小城乡收入差距的关键。这些理论为我们解决西部地区的城乡收入差距提供了重要的理论依据。

虽然国外有着过度城镇化带来的收入差距扩大的先例，但就我国的收入差距而言，国内学者多认为我国的城乡收入差距过大的原因主要是城镇化长期滞后。扫清农村人口转移的各项障碍，加快城镇化进程将会有利于城乡收入差距的缩小。苏雪串（2002）通过研究得出我国城乡收入差距持续扩大的根本原因在于城镇化的滞后。周云波（2009）通过研究发现我国的城乡收入差距与城镇化具有先上升后下降的倒 U 型曲线关系。杨国安等（2010）提出西部地区缓解城乡收入差距的重要措施之一即是加快城镇化建设。冯伟等（2013）提出城镇化滞后于工业化和现代化水平是农村居民收入增长缓慢的主要原因，也造成了城乡收入差距持续扩大。

也有学者认为城镇化不利于城乡收入差距的缩小，他们也提出了自己的观点。杨天宇（2005）认为由于我国农村人口向城镇转移存在着各种壁垒，例如教育水平低下、户籍制度限制等，农民工进入城镇大多不能在正规部门就业，这就导致了转移人口的边缘化，也导致了城乡收入差距难以有效缩小。与其他学者的结论不同，吴先华（2011）通过研究得出，由于现有的转移壁垒的存在，农民工未能获得城镇市民的同等待遇，短期内城镇化仍不利于收入差距的缩小。缩小收入差距的主要途径是农民工的市民化和转移壁垒的消除。由此，学者们对城镇化与城乡收入分配的关系仍有分歧。

综上所述，众多国内外研究表明，城镇化与城乡收入分配具有密切关系，但是到目前为止大部分研究都是基于全国角度来分析两者的关系，很少有考虑到区域因素。笔者在实地调研和研究中发现，由于西部地区与东、中部的发展基础、自然条件、地理环境和历史文化都有很大的区别，这导致了西部的城镇化发展具有区域特色，与东、中部存在较大差异。因此，冷静判断西部地区城镇化与城乡收入差距的现状，系统分析两者的关系，科学提出城镇化发展对策，对于缩小西部地区收入差距，保障改善民生、促进社会稳定、提高西部大开发战略质量与效益具有重要的理论价值和实践意义。本书力图弥补现有研究的不足，利用数据实证检验西部地区两者之间的关系，提出具有针对性的政策建议。

6.2.2 指标选取

本书运用1995—2016年西部12个省份的年度面板数据进行分析，选取以下指标体系对西部地区城镇化和城乡收入差距的关系进行实证研究：

6.2.2.1 城乡收入差距指标

学者们在研究收入不平等时较多选用城乡收入比值、泰尔指数、基尼系数或者恩格尔系数作为衡量指标，这也是比较常用的方法，以上四种方法均有一定的可取之处。虽然学者们提出了各种衡量指标，但由于绝对指标的量纲受度量单位的变化影响较大，因此实际一般采用相对指标，其中城乡收入比值以其简单明了实用的优点被广为采用。其计算方法为：

$$城乡收入比值 = \frac{城镇人均可支配收入}{乡村人均纯收入}$$

6.2.2.2 城镇化指标

我们一般使用城镇化率衡量城镇化发展水平，一般而言，分为户籍人口城镇化率和常住人口城镇化率两种计算方式。拥有非农户口的城镇人口占总户籍人口的比例即为户籍人口城镇化率，一些学者采用该指标，因为他们认为在城镇就业的无户籍的城镇常住人口并未享受到同等的市民化待遇，他们的福利待遇水平与城镇户籍人口仍有较大差距。然而由于我国的现实情况并非所有农业户籍人口都住在农村，随着改革开放的推进，劳动力流动转移加快，他们在城镇生产、生活、置业，虽然户口不在城镇，但其生产生活方式已经城镇化。截至 2016 年末，我国共计有 2.82 亿农民工在城市工作，他们的生产、生活范围也基本在城镇，因此仅从户籍非农业人口计算的城镇化率并不能完全反映我国的实际情况，更多的学者采用常住人口城镇化率，我国官方和学术界也大多采用该指标。本书选用常住人口城镇化率作为衡量西部地区城镇发展情况的指标，即：

$$城镇化率 = \frac{城镇常住人口数}{该地区总人口数}$$

6.2.2.3 人均 GDP

库兹涅茨在 1955 年提出著名的库兹涅茨假说之后，许多学者开始验证世界各地经济发展水平与收入分配的关系。其中支持该假说的学者与质疑的学者同在，认为倒 U 型假说是存在的学者有：巴罗（Barro，2000、2001），钱伯斯（Chambers，2007），孙致路（2008）等；质疑的学者有拉姆（Ram，1991），尼尔森和奥尔德森（Nielson & Alderson，1997）等。描述经济发展水平的指标较多，有总量 GDP，GDP 增长率和人均 GDP 等。GDP 即为某国或者地区在单位时间内生产所有商品和服务的货币价值总和，它反映了一个国家或地区的总体经济实力，用于国际间或者地区间进行比较，或者用于宏观经济分析和管理时较为常用。GDP 增长率作为宏观经济调控的重要目标之一，衡量的是经济增长的速度。而对于一国人民生活水平和富裕程度的衡量则较多使用人均 GDP。本书将使用人均 GDP 来考察某地区的经济发展水平。

6.2.2.4 农村转移收入

农村转移收入主要来源于财政支出，是农民无偿获得的收入，是农村贫困居民的主要收入来源之一。英国著名经济学家约翰·梅纳德·凯恩斯（John Maynard Keynes）早在1936年就提出了通过转移支付来将富人的纳税救济穷人，由此来改善收入分配不公平。美国学者约翰·罗尔斯（John Bordley Rawls）（1971）提出收入分配的不均等影响了社会福利的最大化，通过转移支付提高穷人的收入水平可以实现社会总福利的增加。杰弗里·佩罗夫等（2006）对比了城镇和农村之间财政转移性支付工具起到的作用，发现财政转移性支出有利于缩小城乡收入差距。谢琦等（2010）通过研究发现，转移性支付和社会保障有助于调节城乡收入分配。我国近年来也不断加大了政府转移支付的力度，对于贫困人口的脱贫也起到一定的作用，因此，本书将农村转移收入作为影响城乡收入差距的变量之一。

6.2.2.5 失业率

国内外许多学者就失业对收入差距的影响这个课题进行了深入的研究。布林德和江崎（1978）以美国1947—1974年的数据为基础分析了美国居民人均收入分配的差异，发现失业会导致收入分配不公平。颂猜·阿莫特姆（2004）分析了中国台湾、中国香港、新加坡等七个亚洲国家和地区1950—2000年的50年间的数据，发现失业率的上升会导致基尼系数的增加。晏艳阳等（2011）对我国1978—2009年的数据进行分析，发现我国的失业类型中，结构性失业损害了低收入阶层的利益，扩大了我国城乡收入差距，而周期性失业则影响有限。因此，本书考虑将失业率纳入城乡收入差距的影响变量之一。

6.2.2.6 居民消费水平

李雄军（2013）等用实证的分析方法证明了居民消费与收入差距有着双向因果关系，刺激消费有助于缩小收入差距。李晖等（2014）利用统计数据，通过构建投入产出最终需求结构变动模型，得出扩大消费对缩小城乡收入差距起着积极的作用。因此，本书将居民消费水平作为城乡收入差距的影响变量之一。

6.2.2.7 西部大开发虚拟变量

鉴于西部大开发后我国实施了一系列重大政策，对西部经济发展产生重要影响，为了准确分析西部大开发对城乡收入差距的影响，本书考虑加入虚拟变量，将1995—1999年西部大开发实施之前的年份设为0，2000—2016年西部大开发实施以后的年份设为1。

6.2.3 理论假设

6.2.3.1 城镇化水平

由前文可知：首先，城镇化水平的提高可以通过创造就业机会吸引农民工进城，直接增加农民收入而缩小城乡收入差距；其次，城镇化还能通过促进农业规模化和产业化生产，城镇化有利于提高农业生产的科技水平，剩余劳动力的减少使得农村居民拥有更多的土地等资源，农民也更有能力增加农业投入，技术的进步有利于农业结构的调整，也会带动农村的金融、教育、医疗等第三产业的发展，进而缩小与城镇的差距；然后，由于西部地区城镇居民大多居住在小城镇，因此城镇化过程也更加侧重乡镇的发展，同时也促进了一大批乡镇企业迅速发展，促进了就地城镇化；最后，农民工的市民化进程使得更多的农民工在城镇安家置业，通过良性的累积循环效应促进城镇化加速。由此，本书就西部城镇化和城乡收入分配的关系提出如下假说：

假设1：西部地区城镇化推进有助于缩小城乡收入差距。

6.2.3.2 农村转移性收入

作为仅次于税收的政府调节收入分配不平等的重要工具之

一，转移支付在缩小贫富差距和居民收入水平方面起着重要的作用。在广大的西部地区，有大量的贫困人口，众多贫困线以下的居民拉大了城乡居民收入差距，他们的基本的生产和生活未能得到保障，影响西部地区经济的持续健康发展。因此，财政转移性支付对于增加贫困户的收入，调节收入分配显得尤其重要。因此，本书就农村转移性收入与城乡收入分配的关系提出如下假说：

假设 2：农村转移性收入增加有助于缩小城乡收入差距。

6.2.3.3 失业率

由于农民工具有的劳动技能往往较低，接受教育水平也十分有限，因此一般而言，大部分的失业发生在劳动技能不高的民工失业群体。而近年来由于出口和建筑两大农民工密集就业行业发展的急剧减速，农民工失业率远远高于其他群体，大部分失业的农民工被迫返回乡村，他们的失业也使家庭收入迅速下降，农村居民的纯收入减少，从而扩大了城乡收入差距。因此，本书就失业率与城乡收入分配的关系提出如下假说：

假说 3：失业率增加会扩大城乡收入差距。

6.2.3.4 居民消费水平

长期以来，我国消费水平远低于国际平均水平，国内需求不足是困扰我国经济发展的重要因素。我国西部地区，由于经济基础较差，消费结构单一，消费方式落后，这在一定程度上也限制了西部经济的持续健康发展，从而使得西部产业结构升级缓慢，阻碍了经济的发展和居民收入的增加，从而间接影响了收入分配。因此，我们就居民消费水平和城乡收入分配的关系提出如下假说：

假说 4：居民消费水平提高有助于缩小城乡收入差距。

6.2.3.5 西部大开发

数据显示，西部大开发战略后，西部城乡固定资产投资差距也呈现出扩大态势，同时西部地区各政府实施的城镇偏向的经济政策，忽略城乡的协调发展，使得财政以及相应的投资资金分配在城乡之间呈现出不均衡的趋势。由此，西部地区金融资源、教育资源、地区开放程度等方面的城乡不均衡势必也会影响城乡收入差距的缩小。由此，我们就西部大开发虚拟变量对城乡收入分配的关系提出如下假说：

假说5：西部大开发的实施扩大了城乡收入差距。

6.2.4 模型设定

为验证上文所叙述的假设，本书将采用Panel Data模型来进行进一步的分析。为了充分验证城乡收入分配差距中西部城镇化这个因素的影响大小，本书将使用如下两个模型。模型（3）主要为了检验人均GDP和城镇化率对城乡收入差距的影响，模型（4）在（3）的基础上加入了控制变量，为了研究西部大开发政策对收入分配的影响，笔者加入了西部大开发虚拟变量。为消除异方差，对上述变量皆进行自然对数变换。因此，笔者设定的计量模型（3）和模型（4）如下：

模型（3）

$$\ln R_{城/乡\,it} = \alpha_0 + \beta_1 \ln \mathrm{GDP}_{it} + \beta_2 (\ln \mathrm{GDP}_{it})^2 + \beta_3 \ln \mathrm{UR}_{it} + \varepsilon_{it}$$

模型（4）

$$\ln R_{城/乡\,it} = \alpha_1 + \gamma_1 \ln \mathrm{GDP}_{it} + \gamma_2 (\ln \mathrm{GDP}_{it})^2 + \gamma_3 \ln \mathrm{UR}_{it} + \sum \gamma_i X_{it} + \alpha_2 D_1 + \varepsilon_{it}$$

其中，$R_{城/乡}$为城乡收入比值，GDP_{it}为第i省第t年的人均GDP，UR_{it}为城镇化率，$\ln R_{城/乡}$、$\ln\mathrm{GDP}_{it}$和$\ln\mathrm{UR}_{it}$分别为$R_{城/乡}$、GDP_{it}和UR_{it}的对数。X为控制变量，包括农村转移性收入、失业率、居民消费水平，D_1为西部大开发虚拟变量。ε_{it}为随机扰动项。

6.3 实证检验

6.3.1 数据描述性统计

本书分析使用的数据来源于《中国统计年鉴》《中国人口统计年鉴》和西部各省份统计年鉴，所选取的样本包含1995—2016年西部12个省份的年度数据。其中，某些个别变量有数据空缺的，笔者使用了线性插补法作了补充，否则为个别数据的缺失而放弃部分年份或省份，会使样本自由度降低，由此权衡，插补法是可取的，所得的变量及其数据描述性统计如表6-2所示。

表6-2　　变量的描述性统计

变量	定义	单位	观测数	均值	最大值	最小值	标准差
R	城乡收入差距	比值	242	3.45	4.84	2.21	0.52
UR	城镇化率	%	242	36.67	62.6	13.52	11.59
GDP	人均GDP	元	242	16 943	74 203	1 853	15 368
TR	转移性收入	元	242	423.84	9 215	25.60	702.14
UE	失业率	%	242	3.66	6.30	1.87	0.63
CON	居民消费水平	元	242	6 255	22 293	1 209	4 924
WE	西部大开发	/	242	0.77	1.00	0.00	0.42

6.3.2 单位根检验

面板数据的单位根检验方法较多，本书将采用LLC、IPS-W、Fisher-ADF、Fisher-PP等检验方法。表6-3是面板数据单位根检验结果，选择Schwarz标准自动选择单位根的滞后期。就结果而言，各个变量的原序列均是非平稳的，但一阶差分之后都是平稳的，且在1%水平上显著，也即所有变量都是一阶单整的I（1）。

表6-3　　　　　面板数据单位根检结果

变量	LLC	IPS-W	ADF	PP	结论
ln*R*		0.63 (0.73)	18.51 (0.68)	11.80 (0.96)	不平稳
Δln*R*	−9.28*** (0.00)	−9.31*** (0.00)	117.53*** (0.00)	132.75*** (0.00)	平稳
lnUR	−1.96 (0.25)	0.62 (0.73)	33.28 (0.58)	15.43 (0.84)	不平稳
ΔlnUR	5.63*** (0.00)	−6.93*** (0.00)	89.51*** (0.00)	352.75*** (0.00)	平稳
LnGDP	0.01 (0.50)	4.07 (1.00)	5.92 (1.00)	2.87 (1.00)	不平稳
ΔlnGDP	−3.39*** (0.00)	−3.06*** (0.00)	52.74*** (0.00)	52.72*** (0.00)	平稳
lnTR	1.90 (0.97)	6.28 (1.00)	1.19 (1.00)	1.94 (1.00)	不平稳
ΔlnTR	−13.15*** (0.00)	−12.930*** (0.00)	163.62*** (0.00)	190.42*** (0.00)	平稳
lnUE	−1.90 (1.00)	−2.42 (1.00)	47.26 (0.99)	48.98 (1.00)	不平稳
Δln UE	−9.89*** (0.00)	−9.50*** (0.00)	190.83*** (0.00)	461.46*** (0.00)	平稳
lnCON	4.03 (1.00)	8.02 (1.00)	1.02 (1.00)	0.36 (1.00)	不平稳
Δln CON	−8.29*** (0.00)	−7.13*** (0.00)	90.24*** (0.00)	90.06*** (0.00)	平稳

注：括号内为显著性 p 值

6.3.3 协整检验

为了检验变量之间是否具有长期均衡关系，避免产生“伪回归”现象，我们进一步对面板数据进行协整分析。鉴于本书样本为1995—2016年数据（$T=22$），因此本书参照Panel ADF统计量和Group ADF统计量对变量协整关系做出判断。协整检验结果如表6-4所示，结果表明模型存在协整关系，且至少存在一个协整方程。

表6-4　　面板数据的协整检验结果

检验方法		统计量	P值
Pedroni（基于Engle-Granger）	Panel ADF	-1.94^{**}	0.02
	Group ADF	-3.12^{***}	0.00
Kao（基于Engle-Granger）	ADF	-1.38^{*}	0.08
Fisher（基于Johansen）	一个没有	79.66^{***}	0.00
	至少有一个	15.63	0.87

6.3.4 Granger因果检验

Granger因果关系说明了两个A、B变量之间，若A有助于解释B变量的未来变化趋势，那么A是B的Granger原因，反之亦然。本书对各自变量与因变量之间进行Granger因果检验，检验结果如表6-5所示。检验结果得出，各自变量均是城乡收入差距的Granger原因，此外，GDP、城镇登记失业率和城乡收入差距还存在双向Granger因果关系。

表 6-5　　　面板数据的格兰杰因果检验结果

	F 值	P 值	滞后阶数	结论
UR→R	9.13***	0.00	2	存在格兰杰因果关系
R→UR	1.21	0.33	2	不存在格兰杰因果关系
GDP→R	26.52***	0.00	2	存在格兰杰因果关系
R→GDP	6.75***	0.00	2	存在格兰杰因果关系
TR→R	21.31**	0.00	2	存在格兰杰因果关系
R→TR	1.12	0.37	2	不存在格兰杰因果关系
UE→R	3.56**	0.03	3	存在格兰杰因果关系
R→UE	6.78***	0.00	3	存在格兰杰因果关系
CON→R	22.54***	0.00	2	存在格兰杰因果关系
R→CON	2.15	0.13	2	不存在格兰杰因果关系

6.3.5　结论与分析

面板数据分为混合效应、固定效应和随机效应模型。对于混合效应和固定效应的选择，通过 F 检验可以看到，模型拒绝固定效应模型是冗余的零假设，于是摒弃混合模型，说明固定效应更合适；对于固定效应和随机效应的选择，使用 Hausman 检验，结果显示模型均拒绝建立随机效应的原假设，接受固定效应模型假设，故本书采用固定效应模型。模型（4）R^2 达到 0.69 说明此模型对西部城镇化与城乡收入差距的关系有较强的解释作用。同时，得到 1995—2016 年西部地区 12 个省份的城镇化和城乡收入差距的实证分析结果如表 6-6 所示。

表 6-6　西部地区城镇化对城乡收入差距影响回归结果

	模型（2）	模型（3）	模型（4）
变量	$\ln R_{城/乡}$	$\ln R_{城/乡}$	$\ln R_{城/乡}$
ln GDP	1.120 7*** (0.167 6)	1.462 4*** (0.195 6)	0.971 0*** (0.201 7)
$(\ln GDP)^2$	−0.060 9*** (0.008 9)	−0.076 5*** (0.009 9)	−0.038 5*** (0.052 1)
lnUR		−0.159 9*** (0.004 97)	−0.053 7*** (0.001 91)
lnTR			−0.023 4 (0.018 6)
lnUE			0.063 7 (0.043 6)
lnCON			−0.264 7*** (0.061 4)
lnWE			0.069 9*** (0.022 6)
Constant	−3.875 5*** (0.783 6)	−5.128 4*** (0.861 1)	−1.758 8*** (0.963 2)
R^2	0.597 0	0.61	0.685 5
F Test	24.216 2*** p=0.000 0	21.702 9*** p=0.000 0	25.541 9*** p=0.000 0
Hausman Test	8.128 2** p=0.017 2	40.878 0*** p=0.000 0	42.627 1*** p=0.000 0

注：括号内为标准差

根据模型估计结果我们可以得出如下结论：

第一，加入其他变量之后，人均 GDP 的一次项估计系数仍为正值，二次项系数也均为负值，且都具有很好的统计显著性。西部城乡收入差距随着经济发展水平——人均 GDP 仍呈现出先上升后下降的倒U型趋势，说明西部地区城乡收入差距的倒U型曲线模型是相对稳定的。

第二，城镇化率对城乡收入差距具有负向作用。由模型（4）可知，西部地区城镇化率的增加有助于城乡收入差距的缩小。西部地区城镇化虽然长期滞后，但随着城镇的集聚效应和规模效应，可以创造更多的就业机会，使农民工进城获得更高的收入；新型城镇化的推动也有利于资金、技术、人才和信息向乡村扩散，推动农业的规模化、产业化运营，加快农业的现代化进程；城镇化推进促进乡镇企业的发展，农村经济结构的升级，推动就地城镇化；通过农民工市民化进程使得更多农村居民有能力迁移到基础设施更好的城镇，在城镇工作、生活、置业，反过来又加速了城镇化进程，形成了正向的良性循环效应，城镇化通过以上四个途径缩小城乡收入差距。因此，西部地区应推进工业与农业、城镇与农村协调发展的新型城镇化，统筹城乡发展，进一步缩小城乡收入差距。

第三，就控制变量而言，居民消费水平对城乡收入差距具有负向影响，西部大开发虚拟变量对城乡收入差距具有正向作用，且均具有统计显著性。居民消费水平的增加有利于城乡收入差距的缩小，消费作为最终需求，对经济增长和居民收入增加起着直接作用，消费需求的提高是经济的稳定增长和良性循环的关键，也是城乡收入差距缩小的必要条件。农村转移收入和城镇失业率对城乡差距不具有显著影响。西部大开发虚拟变量对城乡收入差距的扩大具有正向影响，数据显示原有的西部大开发政策在初始的几年使城乡收入差距持续上升，进入西部大开发第二个十年后战略方向的有所转变，国家制定了一系列平衡城乡发展差距、加强城镇带动乡村和有利于农村居民收入的提高的政策，使得城乡收入差距有所缓和。因此，未来西部需要进行大开发战略的转型，出台更多协调城乡发展和调节城乡收入分配的政策，进一步缩小城乡收入差距。因此，西部地区应引导居民的消费观念的改变，推动消费结构升级，以及调整西部大开发政策转型，突出城乡互动和工业反哺农业，协调城乡经济均衡发展，缩小城乡收入差距。

6.4 本章小结

本章笔者首先从库兹涅茨倒 U 型假说的验证出发，通过总结学者们对库兹涅茨倒 U 型曲线在中国的验证，发现学者们对我国是否存在该假说仍存在分歧。笔者运用 1995—2016 年西部 12 省、市、自治区的面板数据进行检验，发现西部城乡收入差距的变动趋势在数学意义上具有库兹涅茨曲线的特征，表现出二次函数的先上升后下降的趋势，西部总体的城乡收入比值拐点约为 3.42。虽然西部各省份的拐点不尽相同，但西部各省份均已经进入库兹涅茨倒 U 型曲线的拐点之后的收入差距下降趋势阶段。

其次，笔者通过对国内外学者们对城乡收入差距的影响因素进行分析，选取了城乡收入比值、常住人口城镇化率、人均 GDP、农村转移收入、失业率、居民消费水平和西部大开发虚拟变量等变量作为城镇化影响收入差距进行实证检验的主要指标，提出了相关理论假设，设定了 Panel Data 模型。笔者利用 1995—2016 年的西部 12 个省份的数据对模型进行了单位根检验、协整检验、Granger 因果检验和面板数据分析等。通过面板数据模型回归结果我们发现，城镇化率对城乡收入差距具有负向作用，西部城镇化的推进有利于城乡收入差距的缩小。

7 中国西部新型城镇化推进与缩小城乡收入差距的战略框架

新时期，在国家提出“一带一路”倡议的背景下，基于西部城镇化与城乡收入差距的态势，针对西部城镇化与城乡收入差距发展的问题，本章节将从战略思路、战略原则、战略目标、战略重点与战略模式等方面具体分析如何推进西部新型城镇化的发展并实现城乡收入差距的不断缩小。

7.1 战略思路

西部城镇化推进缓慢和城乡收入差距巨大的现状决定了新时期西部大开发的战略重点和难点在于调整西部大开发战略转型和促进城乡统筹。西部新型城镇化推进与缩小城乡收入差距的基本思路应为：以调整战略转型为先导，以构建多中心—外围的城镇体系为基础，以加强小城镇建设为载体，以工业反哺农业和农业现代化为依托，以健全的立法和完善的制度为保障，以城乡统筹和进一步缩小城乡收入差距为目标导向，合理引导、扎实推进，形成城乡协调、互动、一体化发展的战略新格局。

7.1.1 以调整战略转型为先导

西部新型城镇化推进与缩小西部城乡收入差距必须调整改革开放以来西部地区实行的城镇偏向的各项政策，必须破除二元经济结构中不利于“三农”的制度，制定切实有效的支农惠农措施。要通过新型城镇化的推进，实现城镇带动乡村、工业反哺农业，协调城乡收入分配的不平衡。通过调整战略转型，从战略方向、发展重点、投资方式、区域开发以及发展机制上进行转型，并通过统筹城乡就业、收入分配、财政支出、金融政策、社会保障等多方面进行制度创新和改革，使得新型城镇化的推进更利于西部地区农业发展、农民增收和城乡互动，从而为缩小城乡收入差距创造良好的制度环境。

7.1.2 以构建多中心—外围的城镇体系为基础

截至 2016 年年底，西部城镇化率达到 51.51%，而全国的平均城镇化率则为 57.35%，仍有较大的差距，根据国际经验，西部地区仍处于城镇化发展的加速阶段。西部地区应在国家“两横三纵”为主体的城镇化战略格局下，根据自身发展条件，结合“一带一路”建设，推进城镇化的健康有序发展。基于西部地区自然条件恶劣、经济发展落后、城镇结构失衡的现实情况，应避免直接走国外和东部地区简单的发展都市圈和城市带的道路，而应该立足于自身特点，以产业关联发展为支撑，发展多中心—外围城镇群落，通过产业关联和网络化的发展推进西部新型城镇化。由于单中心—外围城镇化发展道路具有封闭的、静态的、缺乏关联的特点，西部的多中心—外围的城镇群应走开放的、动态的、产业联动的城镇网络化发展道路，这才是适合西部的可行路径。

7.1.3 以加强小城镇建设为载体

由于西部地区地处内陆，主要以山地丘陵为主，且自然条件恶劣，其独特的地理环境，决定了发达国家和东部地区的大都市圈和城市带的发展方式不适合西部地区的现实情况。由于西部地区大城市数量稀少，中型城市断层严重，在推进多中心—外围城镇群的过程中，小城镇的发展至关重要。作为联结大中城市与乡村桥梁的纽带，小城镇成为知识、信息、科技产品从大城市向农村扩散和农村剩余劳动力向城镇转移的重要载体。对于西部地区小城镇仍存在的布局混乱、乡镇企业发展落后、缺乏产业支撑、基础设施不足等问题，应科学规划小城镇布局，加强乡镇企业的发展，因地制宜，建设有产业支撑的西部特色小城镇。

7.1.4 以工业反哺农业和农业现代化为依托

促进西部城乡收入差距缩小的有效途径是大力加强对农村、农业的扶持，以城镇带动乡村，工业反哺农业，并大力推进西部农村的现代化发展。在二元经济结构明显的西部地区，应从政策、资金、人才等方面反哺支持农业，促进西部“三农”的自我发展能力。农业现代化是新型四化的重要内容，而新常态下西部大开发的一项重要任务便是积极推进农业现代化，探索传统农业改造的基本途径，通过多方面的农村改革，实现规模化经营与产业化发展，对于推动西部农业的现代化、农民增收与缩小城乡收入差距都具有重要的促进作用。

7.1.5 以健全的立法和完善的制度为保障

一个国家或地区的经济社会健康、持续和稳定发展离不开健全的法律法规体系，而新常态下西部大开发战略转型的顺利推进同样需要健全的立法和完善的制度，保障新常态下西部大开发战略转型的顺利推进。应改革和创新现有的不利于新型城镇化推进、不利于城乡统筹、和不利于缩小城乡收入差距的各项制度，从土地、户籍、社保、金融、收入分配制度等多方面下手，减少部分政府官员对市场干预的任意性，推动西部经济更有效率、更加公平的可持续发展。通过各方面的制度协调，增加农民收入，为西部缩小城乡收入差距打下坚实的基础。

7.1.6 以城乡统筹和缩小城乡收入差距为目的

作为缩小城乡收入差距的重要手段，城乡统筹是为了改变城市工业、农村农业的二元四维的矛盾而提出的，是破解“三农”问题的关键。西部地区应从城乡二元体制转向城镇带动农村、城乡互动的发展方式，通过新型城镇化的推进，形成工业与农业良性互动，城镇与农村协调发展的格局。通过新型城镇化带动农业现代化，形成以城带乡、以工促农、城乡一体化的新型工农、城乡关系，不断提高城市与农村在资源要素上的合理分配水平，带动新农村建设和农民收入水平的提高。同时改革现有阻碍城乡人口流动的制度壁垒，促进农村人口转移后能较快实现市民化待遇，是新时期城乡统筹和缩小城乡收入差距的重要途径。

7.2 战略原则

7.2.1 以人为本

西部地区在推进新型城镇化的过程中，应注重提高城镇化的质量，避免人口的城镇化落后于土地的城镇化，实现以人为核心的城镇化。在引导农村人口向城镇转移的过程中，应重视转移人口的市民化待遇，为转移人口提供平等的就业机会，注重将城镇文明的提升与转移人口素质的提高相统一，实现城镇常住人口社保与公共服务的全部覆盖，使得城镇的流入人口与本地居民平等享受经济发展成果。

7.2.2 因地制宜

西部地区地域辽阔，区域内部差异较大，且经济发展较大程度上受制于艰苦的自然条件的约束。地区内部的不同区域在自然环境、地理特征、人文特色、经济发展程度等方面差异较大，各地之间的差异性也决定了它们各自经济发展的约束因素与限制条件不同。因此，在推进西部新型城镇化的进程中，我们要本着客观实际的原则分析不同区域的特点与所面临的问题，从而根据各个地区的特点对症下药，提出不同的治理手段与发展方式。根据不同区域所具有的资源优势，发展具有地方特色的优势产业，城镇化的推进也应该尊重各个地区的自然规律，因地制宜，合理布局城镇规模，推进新型城镇化健康可持续发展。

7.2.3 生态文明

西部地区应根据自身资源环境的承载能力，将生态文明理念融入西部城镇化推进之中，避免走发达国家和东部地区一样的先污染后治理的道路。在以往的经济发展过程中，西部的一些地区也出现了盲目发展，破坏本地生态环境的现象，并造成了严重的后果，土地沙化、水土流失严重。因此我们应按照“绿色、循环、低碳”的发展原则，推进不可再生资源的节约利用与可再生资源的有效利用、加快新能源的开发利用，加大环境保护力度与生态修复步伐，减少干扰与破坏自然环境，走绿色、低碳、集约的新型城镇化道路。

7.2.4 民族团结

西部地区，作为中国少数民族的主要聚居地，其经济发展与社会稳定关乎国家安全的保障、社会公正的实现、民族感情的维系以及国际形象的树立。城镇化进程的推进应依据各少数民族的自然历史文化禀赋，根据他们相应的风俗习惯，体现文化和民俗的差异性，发展形态多样的、具有特殊地域风貌和文化特色的魅力城镇。以具有民族文化特色的优势产业带动少数民族地区的经济发展，维护社会安定、民族团结，实现各民族的共同繁荣和边疆稳固。

7.3 战略目标

推进新型城镇化健康发展，必须要有明确的目标、步骤，只有通过制定能够体现战略性、前瞻性、客观性和实践性的规划，利用国家“一带一路”建设的各项优惠政策，构建科学的城镇化发展目标，才能保证工作的顺利进行。推进西部新型城镇化是长期而艰巨的历史任务，西部地区资源优势明显，基础设施落后，生态环境脆弱，民族问题复杂，城乡经济发展极不平衡。这就决定了我们必须从西部现实情况出发，遵循城镇化发展规律，探索具有西部特色的新型城镇化道路，有效缩小城乡收入差距，提高西部地区的自我发展能力，提升人民的生活质量。我们应围绕如下三方面的目标，深入推进西部大开发，力争实现新的发展突破。

7.3.1 建立合理的城镇发展体系

国外城市化发展历史表明，合理的城镇化体系是良好的区域分工的基础，大中小城市协调发展能对经济社会的发展起到良好的助推作用，也有助于缓解各种“城市病”。将“一带一路”建设的推进与西部新型城镇化的推进相结合，西部地区建立合理的城镇发展体系必须以破解城乡二元结构为核心，进行科学合理的城镇发展规划，优化现有的城镇发展格局。应着力构建大城市、积极培育中小城市和重点发展小城镇，在城镇群的发展中，要重点为中小城镇的发展开辟新的机遇和广阔空间。力争到2020年，西部大开发实施20周年之际，西部城镇化率赶上全国平均水平，达到60%以上。在西部地区建立多中心—外围的城镇群，应重点发展特色中小城镇，增强乡镇企业对人口的吸纳能力，带动农村产业结构升级；推进农民工的市民化进程，使农民工享有与城镇居民同等的医疗、养老、失业保险等社会保障，农民工子女享有与市民平等的教育机会；生态环境明显改善，森林覆盖率达到45%以上，解决城镇地区的污染问题。总之，西部新型城镇化体系建设的基础在于建立多中心—外围的城镇群，重点是特色中小城镇建设，核心是以人为本。

7.3.2 推进城乡统筹协调发展

力争到2020年，基本实现“五个统筹”，即统筹城乡就业，建立城乡一体化的劳动就业信息市场；统筹推进农民工市民化，促进农村转移人口享受与城镇居民同等的教育、就业、社保等待遇；统筹城乡基本公共服务，增加农村社会事业的财政投入，加强农村文化事业的建设；统筹城乡社会保障制度，基本实现城乡教育、医疗、卫生等的均衡发展，扩大农村低保的覆盖面，增加财政的转移支付支出；统筹城乡行政管理体制，建立服务型政府，打破阻碍城乡一体化发展的各项落后制度。西部地区通过推进新型城镇化和城乡统筹发展改革，实现城镇与乡村生产要素的无障碍流动，才能有效消除城乡收入差距。

7.3.3 缩小城乡收入差距

合理的收入分配是经济稳定健康发展的基础，西部地区应改革不合理的阻碍收入分配差距缩小的各项制度，协调城乡收入分配格局。通过促进收入分配制度该给、加强财政转移支付、推进工业全面反哺农业和完善农户参评价格支持和补贴制度等措施，到2020年，实现人均GDP赶上全国平均水平，超过6万元，生活质量稳步提升；实现农村居民的人均纯收入超过2万元，城镇居民人均可支配收入达到4.5万元以上，城乡收入比值缩小至2.5∶1以内，缩小城乡收入差距；推进农村土地流转制度改革，实现农业规模化经营，农村土地规模经济比例超过40%，农民人均纯收入年均增长率不低于15%，非农产业比例超过60%。

7.4 战略重点

按照西部新型城镇化推进与缩小城乡收入差距的战略思路和目标，新时期，西部应加快调整西部大开发战略转型，建设适合西部城镇化发展的多中心—外围城镇群，重点加强小城镇建设，并推进新农村建设。

7.4.1 推动西部大开发战略转型

由于国家西部大开发战略的目的之一在于缩小区域经济发展不平衡，因此西部地区将战略重点放在了促进经济增长，战略实施初期采取了重城市轻农村的发展方向，忽略了城镇对乡村的扩散和带动作用，西部地区的城乡发展差距迅速扩大，虽然第二轮西部大开发战略对城乡收入差距的缩小起到了重要作用，但城乡二元结构矛盾突出的格局已经成为西部经济社会发展的重要障碍。基于西部地区在整个中国发展格局中的生态平衡维护、文化多样性发展、国家安全防卫等功能定位，国家现行的西部开发战略需要在战略方向、发展重点、投资方式、区域开发以及发展机制上进行转型。

第一，战略方向由开发型转向发展型。西部大开发之初，由于对大开发科学内涵认识的局限性，基于传统的比较优势理论，西部地区片面追求自然资源的开发，如西电东送、西气东输等工程就是资源开发的典型。大规模的资源开发引发了西部生态脆弱地区的生态问题。在新时期，西部地区应转变战略方向，由过去片面追求自然资源开发转向促进西部地区的综合发展，即在适度的自然资源开发的同时，将战略重点放在资源储备建设、生态平衡建设、民族文化建设、基础设施建设以及社会稳定等方面。

第二，发展重点由过去的片面追求经济增长向人口、资源、环境协调发展转型。由于西部大开发以来，西部地区将发展重点放在追求迅速缩小与东部地区经济发展差距上，因此，将经济增长放在了首要地位，中央政府和西部各级政府安排了各种重点项目和工程，以拉动西部 GDP 的增长。但这也带来了一系列的问题，造成了西部资源与环境严重破坏，在今后的发展中，西部地区应注重人口、资源、环境与经济社会协调发展。在经济发展过程中，应注重提高城乡的人口素质和人力资本，注重资源的集约开采利用，注重生态平衡和环境保护，走人与自然和谐发展的道路。

第三，投资方式上由纵向投资为主转向吸引社会多元化投资为主。由于西部地区长期资本存量不足，投融资体系也较落后，西部投入资本主要源于中央政府和地方政府。西部地区应深化投融资体制改革，发展多元化的融资手段和成熟的信贷市场，吸引社会资本，筹措用于公共服务和基础设施等的投入资金，设立基础设施、教育培训、医疗卫生等的发展基金，为公共服务、基础设施等提供强有力的资金支持。

第四，区域开发上由过去仅重视城镇发展转向重视民族地区和贫困地区发展。由于大开发初期，为了促进区域经济快速发展，中央政府和西部各级地方政府制定了一系列城镇偏向的政策支持城镇发展，也取得了突出的成绩，而经济发展的成果却未能惠及民族地区和贫困地区，而这些地区正是区域发展和城乡发展失衡的重灾区。新时期，在“一带一路”建设的背景下，西部地区应利用现有的优惠政策，在推进新型城镇化的同时更加注重加大对民族地区和贫困地区的支持力度，促进这些区域的经济社会生态全面发展。

第五，发展机制由政策驱动向人文驱动方式转变。为推动西部大开发，中央政府及西部各级地方政府先后出台了如企业所得税优惠、促进特色优势产业发展和退耕还林等多项政策法规，逐步形成了以政策驱动为导向的西部开发机制。政策驱动方式在西部经济发展过程中做出了重要贡献，但是由于政策的非刚性约束使得西部地区面临着重要的计划经济残余约束和投融资体制约束等。在进入到第二轮西部大开发的关键时期，西部应由过去的政策驱动转向以人文驱动为主，增强西部的自我发展能力，提升区域的人力资本和文化环境，走内生型的可持续发展道路。

7.4.2 建设多中心—外围城镇群

国外的城镇化经验表明，合理的城镇体系有利于经济的健康可持续发展。根据西部地区大城市稀少、中型城市断层和小城镇发展滞后的现状和多山地丘陵的自然地理条件，应建设多中心—外围的城镇群。多中心—外围的城镇群应至少包括如下几点内涵：在增长极点上由多中心（城市）引领带动城镇群及区域发展；在空间结构上呈多中心—外围城镇群落层级体系；在产业支撑上，以城镇间的产业关联与网络化发展引致中心与外围及腹地间的双向联动发展；在城市功能上应注重经济、社会和生态功能多方面综合发展。

第一，就增长极点而言，由多中心引领带动城镇群落与区域发展。一方面由于单一的特大城市的集聚和扩散能力有限，难以起到带动整个区域发展的作用，而多中心形成的经济关联发展可以具有更大的引领区域发展的实力，因此，应由两个或两个以上的特大城市或大城市带动和引领城镇群和区域的发展。另一方面，由于西部地区的特大城市仅有成都和重庆两个，数量较少，中型城市也应与大城市一起共同形成新的增长源，形成网络化的城镇群落，向小城镇和广阔的农村地区扩散和辐射。

第二，就空间结构而言，呈多中心—外围城镇群落层级体系。由中心大城市（第一圈层）、次中心的中型城市（第二圈层）、外围的小城镇（第三圈层）和广大农村腹地（第四圈层）构成空间上的多层级结构。由于西部地区特殊的自然地理条件和经济基础，各中心城市应与次级中心城市共同构成多中心的中心网络增长辐射源，增强他们之间的要素流动、产业关联和商品贸易网络，以多种驱动力推动整个城市体系的发展。西部地区现有城镇体系最突出的问题即是外围小城镇对农村腹地发展的带动能力不足，因此，多中心—外围城镇群落应重点加强中小城镇对农村地区的带动作用。

第三，就产业支撑而言，西部地区应以产业关联与网络化发展引致中心与外围及腹地间的双向联动发展。一方面由于中心城市一般具有人才、技术、资本等多方面的优势，通过中心城市的产业结构升级，将一部分产业向外围小城镇转移，形成中心向外围的纵向扩散传递，并带动农村腹地的发展，强化中心与外围的产业互动。城市间的产业关联化发展，也有利于各中心城市的横向产业互动，形成产业优势互补、互相渗透的网络化发展格局。另一方面，由于农村具有丰富的剩余劳动力和自然资源优势，随着劳动力向城镇的转移，以及农村向城镇提供源源不断的原材料，也会形成自下而上的外围与中心的全面联系。

第四，就城镇功能而言，除了加强城市的城镇带动功能外，西部地区还应加强城镇的社会和生态功能。由于西部大开发后，西部各省份片面注重经济增长，而社会文化、医疗、卫生和公共服务等都未能得到同步的发展，在多中心—外围的城镇群构建的同时，应注重城镇群的社会功能的发挥。应正确处理生态建设、环境保护和资源节约与社会经济发展的关系，注重城镇群的生态功能。由多中心—外围的城镇群建设，促进西部地区经济、社会、生态全面发展。

就西部地区而言，应重点发展以成都和重庆为中心城市的成渝双中心—外围城镇群，以呼和浩特、包头、银川为中心城市的呼包银三中心—外围城镇群，以南宁、贵阳、昆明为中心城市的南贵昆三中心—外围城镇群，以西安、兰州为中心城市的西兰双中心—外围城镇群等四大核心城镇群落，通过他们的网络化关联发展带动中小城市和小城镇的发展，强化对农村腹地的扩散扩效应，推动西部新型城镇化的发展。除此之外，还可以适当开发以西藏局部地区、新疆天山北麓等地区的城镇群。

7.4.3 加强小城镇建设

小城镇作为连接大中城市和乡村腹地的重要桥梁，是大中城市经济技术扩散和产业扩散的重要场地，是农村资源和乡镇企业向城镇群集中的重要渠道，也是我国城镇化建设中的重要组成部分。随着我国大城市的规模逐渐扩大，各种负面问题也日趋明显，人口过于密集，环境污染严重、交通拥堵、生活成本过高等各种“城市病”越来越严重，小城镇成了人们工作、生活的新选择。西部小城镇建设，一是可以推动西部乡镇企业为主导的乡镇企业的发展与产业结构升级，优化农村产业结构；二是可以解决农村剩余劳动力输出的问题，使很多不愿离开家乡和无法负担大城市生活成本的农村居民在周围小城镇就实现人口的城镇化；三是通过产业集聚促进小城镇建设，带动辐射农村地区，增加农民收入，缩小城乡收入差距。

针对目前存在的小城镇规划不合理和缺乏产业支撑的现状，西部地区应进行科学的规划和布局，加强乡镇企业发展，以产业支撑小城镇建设。一是要科学规划小城镇建设。减少小城镇的盲目无序扩张，建设具有地方特色的西部小城镇。小城镇的规划要因地制宜，根据自然资源和地理优势，充分体现和塑造城镇特色，尤其是民族地区小城镇的规划应具有传承民族文化和风俗习惯的功能。西部少数民族积累了历史悠久的灿烂文化，民族地区的小城镇建设也要肩负起不断推进文化交流与整合的责任。二是要加强乡镇企业发展。乡镇企业可以承接大中城市的产业转移，带动农村地区的技术进步，促进对农村剩余劳动力的吸纳，形成就地城镇化的新型模式。应鼓励农民以劳动力、资本、土地等多种方式入股，提高农民在乡镇企业的股份，通过乡镇企业发展切实提高农村居民的收入水平。三是要以产业支撑小城镇发展。对于西部小城镇发展动力不足的问题，应加强小城镇对大中城市产业转移的承接能力，吸收大中城市的先进技术，培育能带动周围农村地区发展的特色产业，建设有产业支撑的西部特色小城镇。西部小城镇应发挥地方优势，形成具有本地特色的支柱产业，发展农产品加工主导的小城镇，矿产资源开发小城镇，生态旅游小城镇，文化旅游型小城镇，边贸型小城镇等多样化的小城镇发展模式。

7.4.4 推进新农村建设

西部大开发初期，由于中央政府和各级地方政府采取的城镇偏向的经济发展政策，忽略城镇对农村的扩散带动作用，使得农村经济发展长期滞后，与城镇的二元结构矛盾愈发突出。2010年从国家第二轮西部大开发实施后，政府更加注重城镇对乡村的辐射带动作用，制定了更多利于农业、农村和农民的发展政策，带动了农村经济的迅速发展，开始缩小与城镇经济发展的差距。但是由于西部农村地区长期基础设施缺乏，农业生产技术含量低，公共服务落后，严重阻碍了农村地区的发展步伐。推进建设新农村建设是西部地区协调城乡发展，增加农民收入的重要途径。

新时期，推进西部新农村建设要做好以下几点：一是要加强农村基础设施建设。在改善农村用电、通讯、出行、饮水安全等条件后，加大互联网在农村的覆盖率，让农民也可以享受到“互联网+”带来的信息经济红利，将基础设施的投入重心逐步由城镇转向农村地区；二是推进农业现代化发展。以推进土地规模经营为重点，提高农业综合生产能力，促进传统农业向现代农业转型。坚持以稳定家庭承包经营为基础，通过转包、入股、租赁等形式，将土地流转给龙头企业、农村专业合作社以及种植大户经营，实现农业生产经营的规模化和集约化；三是挖掘农民增收途径。应充分拓展西部农业发展的广度和深度，鼓励发展乡村旅游、休闲农业和庭院经济，提高农民家庭经营收入。加强农民的技能培训，引导非农产业的发展，尤其是农产品加工业在乡镇企业的发展，促进农民的就地城镇化。探索农户在当地资源开发项目和乡镇企业中入股的新方式，增加农民财产性收入。

7.5 战略模式

西部地区在推进新型城镇化与缩小城乡收入差距的过程中，应以大众创业，万众创新为基础，拓展城乡就业新渠道；用以城带乡，以工促农为主体，提升西部城镇对农村的辐射带动能力；优势产业带动为支撑，通过产业联动释放西部城镇化发展的巨大潜力。

7.5.1 大众创业，万众创新

大众创业、万众创新是新常态下经济发展的新引擎，是西部地区扩大就业、降低失业率、实现富民之道的重要举措，也是激发社会创新潜能和创业活力的重要途径，对推动西部新型城镇化建设，调整经济结构，走创新驱动发展道路具有重要的意义。西部地区应通过制定优惠政策鼓励创业行为，增强创业培训投入，解决创业者的资金难题，建立“政策驱动、服务推动、资金撬动、产业带动”的“四轮驱动”工作机制。形成政策、人才、创业环境“三位一体”的创新创业体系，以创业带动就业，形成大众创业、万众创新的新局面。

创业与创新首先需要良好的政策环境，西部地区各级政府应按照中央和国务院的要求，进一步简政放权，为大众创业、万众创新提供服务。要坚持创新驱动发展战略，应充分发挥政府的服务作用，不断完善体制机制、健全普惠性政策措施，加快构建有利于创业和创新的政策、制度环境和公共服务体系。在城镇化推进过程中要注重加强城乡公共服务体系建设，为创业人员提供住房、教育、医疗等方面的保障。建立起跨区域创业转移接续制度，加强对创业人员的职业技能培训，提升信息网络技术在创业创新过程中的普及程度，切实增强基层创业人员的创新创业能力。此外，鼓励银行及其他金融机构为基层创业人员提供融资服务，培育经济新动能。

支持返乡创业集聚发展。农民工返乡创业是协调城乡发展的重要途径，西部地区应深入落实国务院出台的相关政策，通过降低创业门槛，降低税费负担，加大财政支持，强化金融服务，为农民工返乡创业创造条件。依据各地区特色，促进具有竞争力的特色创业联盟的形成与发展，积极引导返乡创业人员深入各地的特色专业市场寻求创业机会，打造并培育具有区域特点的创业集群。实施农村青年创业富民行动，支持返乡人员因地制宜，围绕乡村旅游、休闲农业和庭院经济开展创业，鼓励各地创建农产品创业示范基地，对重点发展的基地进行科学引导和技术帮扶，有效提高农民收入，缩小城乡收入差距。

7.5.2 以城带乡，以工促农

工业化的初始发展阶段，农业为工业化提供了原始的资本、原材料和市场，工业化发展到一定阶段，由于生产率增长的不同，城乡发展差距越来越大，阻碍了经济的健康发展。工业反哺农业，城镇支持乡村，成为区域经济协调发展的必然选择，也是实现城乡共同繁荣的必经途径。

在二元结构明显的西部地区，各级地方政府必须明确自身责任，从调整政策制度方向入手，增加财政支农投入，推进城镇带动乡村，工业促进农业。西部地区由于长期的城镇偏向政策，城镇发展缺乏城乡互动，使得农村地区的经济发展长期受到制约，西部地区应从破除现有的政策性、制度性障碍入手，重新设计有利于城乡均衡发展的政策和制度。对到乡村投资办厂的企业给予财政支持和税收优惠，各级财政每年安排一定的资金支持其发展，加大农业政策性银行和农业投资公司的贷款力度，拓展减免所得税的乡镇企业范围。对于阻碍农村经济发展的现有制度也应进行创新改革，具体而言，应改革现有的户籍、土地、医疗、养老等制度，突破阻碍城乡统筹的体制性障碍，实现城乡一体化发展。

西部地区应通过城乡产业的合理规划和布局，使城镇的部分二、三产业向农村转移，强化城乡经济联系和资源流动，形成既有合理分工又能互相协调的产业结构体系。政府部门可以牵头建立城乡间的经济组织，使得城镇发挥资本、技术和人才优势，农村向城镇输出农产品、初级加工品和剩余劳动力等双向互动机制。鼓励城镇资本到农村投资，鼓励农村承接城镇低成本加工业的转移，实现城镇产业升级和农民增收的双重效应。利用城镇的先进的技术和广阔市场，尤其是鼓励农民参股乡镇企业，增强其辐射带动能力。农村地区可以利用较低的初级产品成本优势和就地取材的原材料，加快推进农村现代化，培育农村龙头企业，延伸与农业关联的产业链发展，全面提高农产品的附加值。通过产业结构的重新布局，真正实现城镇带动乡村发展，工业促进农业升级的城乡互动局面。

7.5.3 优势产业带动模式

国外城镇化道路的经验表明，城镇化推进要以工业发展和产业集聚为支撑。西部地区应顺应“一带一路”建设的推进，把握发展优势产业的大好机遇，依托国家对西部地区在基础设施、物流、贸易等方面的大力扶持，清晰定位、积极推进与“一带一路”沿线国家的贸易合作，充分发挥本地区的劳动力与自然资源优势，发展具有比较优势的特色优势产业，实施优势产业带动其他产业和区域经济发展的模式，加快转变优势资源为优势产业。

由于西部地区与东部具有不同的自然历史条件与产业基础，

在特色优势产业的发展过程中应注意：一是坚持市场导向。减少政府对企业经济活动的行政干预，完善西部地区的市场机制，提高市场的效率与活力；二是发挥比较优势。西部地区各级政府应根据当地自然资源和要素禀赋条件，因地制宜，扬长避短，确定当地的产业发展方向，尽量延长产业链，利用比较优势发展特色经济；三是促进合理布局。依托西部的各个省会城市和几大资源富集区，加大对重点地带、城镇和产业进行的支持力度，促进产业集中布局，培育增长极；四是转变增长方式。加快西部地区高新技术的引进力度和科技创新，挖掘区域的自我发展潜力，不断提高产业发展的科技含量。

西部应重点发展如下四类特色优势产业：第一，高新技术产业。西部地区应加强高科技产业园的建设，鼓励产学研的深入合作，促进科研成果的产业转化。提升成都、重庆、西安等地的电子信息产业的软实力，促进四川、陕西的航空产业基地建设，推动云南、四川和陕西的生物医药产业的联动发展，鼓励西部各省份的优势资源整合和城镇产业互动。第二，工业信息化发展。西部地区应积极推行新型工业化与信息化相结合的发展道路，以当今“互联网+”政策为依托，充分发挥西部地区的后发优势，通过信息化的高速发展来带动产业结构的优化升级。通过西部各省会城市等大型中心城市的“智慧城市”建设，带动整个西部信息化和城镇化质量提升。第三，特色农牧业发展。西部地区应依据自身农牧资源优势，加强特色农牧业产品的加工，提高农牧产品的附加值。提高西部地区重点商品粮食的综合生产能力，提高四川、贵州、云南等地的茶叶、酒类和烟草的产品竞争力，加强新疆的棉纺织生产技术提升，提升西南片区的药材、果蔬、养殖和纸浆加工业的科技含量水平。第四，重大装备制造业。大力推动西部现有的装备制造基地的升级改造，通过重点工程，努力实现核心技术的突破，以期达到国际先进水平。加大成都、重庆、西安等地的科技研发投入经费，从而带动整个西部地区的装备制造、汽车、输变电装备、精密数字仪器、工程机械等的整体制造水平的提高。

7.6 本章小结

本章从西部新型城镇化推进与缩小城乡收入差距的思路出发，提出了以调整战略转型为先导，以构建多中心—外围的城镇体系为基础，以加强小城镇建设为载体，以工业反哺农业和农业现代化为依托，以健全的立法和完善的制度为保障，以城乡统筹和进一步缩小城乡收入差距为目标的战略思路，合理引导、扎实推进，形成城乡协调、互动、一体化发展的战略格局。并提出了以人为本、因地制宜、生态文明和民族团结的战略原则。

笔者分别从构建合理的城镇化发展体系、推进城乡统筹协调发展和缩小城乡收入差距三方面提出了各自的战略目标。按照西部新型城镇化推进与缩小城乡收入差距的战略思路和目标，笔者提出了新时期的战略重点：一是西部应加快调整西部大开发战略转型；二是建设适合西部地区城镇化发展的多中心—外围城镇群；三是加强小城镇建设；四是推进新农村建设。此外，笔者还提出了具体的战略模式，主要包括：以大众创业，万众创新为基础，拓展城乡就业新渠道；用以城带乡，以工促农为主体，提升西部城镇对农村的辐射带动能力；以优势产业带动为支撑，通过产业联动释放西部城镇化发展的巨大潜力。

8 中国西部新型城镇化推进与缩小城乡收入差距的制度安排

对二元经济体制下土地、户籍、教育、社保等制度进行全面改革和创新，建立城乡要素流动和市场化配置的体制机制是统筹城乡发展的首要任务，也是增加农村居民收入水平，缩小城乡收入差距的重要保障。

8.1 制度与制度安排

8.1.1 制度

制度是被人们普遍接受、遵守的行事规则，随着市场经济基本经济制度的建立，其他制度在经济社会发展中的重要性也逐渐突显。在现代经济学理论中，制度被当作与要素禀赋、技术、偏好同等地位的因素，制度经济学家甚至将其作为经济理论的第四大基石。经济学家西蒙·史密斯·库兹涅茨（Simon smith Kuznets）把制度作为影响经济增长的一个重要因素分析，认为一个经济体需要不断对其自身的制度，尤其是依赖于价值观和意识形态的制度进行不断的调整以适应经济发展要求。道格拉斯·诺斯（Douglass North）等人也主张，制度优化可以通过降低交易成本、提高生产效率来促进国家经济增长。

新制度经济学把制度理解为约束个体行为的游戏规则，而一整套完整的制度运行体系包括制度环境、制度安排和制度实施三个方面。制度环境是制定制度时所处的政治、经济、法律和社会基础。只有发生革命事件时，制度环境才会发生剧烈的变化，因此经济学家在研究中常把制度环境当作外生变量处理。总之，制度环境决定了制度安排的边界和范围。[①] 制度的实施需要有一套完整的操作机制，并且在执行过程中要严格按照制度的规定，不能出现有制度不遵循、乱作为的情况，保证制度的公信力和权威性。若人们观察到现实中的情景与制度规定的不一致，就会产生不良的预期，丧失对制度的敬畏感，导致违法乱纪现象频发。因此，制度的实施需要依赖外部权威力量的强制执行，这与斯特考尔的观点一致。[②]

8.1.2　制度安排

制度安排是指在一定领域内，支配各经济单位内部或者单位之间的合作与竞争方式的安排。它包括政府的管理制度、市场制度、行业制度、企业合作制度、公司内部制度等多方面的奖惩规定。新制度经济学将制度安排的改革创新和其功能绩效作为他们研究的重点。制度安排的改革创新有利于组织的效率迅速提升，制度安排的功能绩效的评价有利于进行制度设计时考虑到持续激励机制，也有利于其激励和约束的有效运行。新

---

① 樊纲：渐进式改革的政治经济学分析［M］. 上海，上海远东出版社，1996.

② 卢先祥：西方新制度经济学［M］. 北京：中国发展出版社，2003.

制度经济学的代表人物奥利弗·威廉姆森（Oliver Williamson）认为良好的制度安排可以通过降低交易成本、减少外部性和不确定性来提高经济效率。①

一般而言，制度环境、制度供求与制度安排有着紧密关系。制度经济学家道格拉斯·诺斯（Douglass North）认为，制度环境一般是稳定不变的，是某国或者某地区最基本的政治、经济、社会和法律基础规则，而制度安排一般是可变化的，它是支配各经济单位之间的合作与竞争方式，它可以被创新。制度供求即制度的供给和需求。就制度需求而言，是在现行制度安排无法为人们带来更多潜在收益的情况下，人们便需要对现有的制度进行改变，它需要对制度的社会成本和社会收益进行比较而确定。制度需求是人们期待新的制度安排的收益大于现有制度安排时产生的，它的影响因素较多，如资源要素结构发生变化、产业结构变化、生产成本发生变化以及技术进步带来的产品的变化，人们需要新的制度安排以改变现在的激励结构，从而达到新的缔约形式。而政治环境、基本法律、经济发展阶段等的变化也将对制度安排产生新的需求，以适应现有的国内外环境和经济发展需要。制度供给即由政府或其他组织机构提供的预期边际收益超过边际成本的新的制度安排，它的影响因素也较多，它更多地偏重于决策者的意愿、制度设计成本、现存制度的破除难度以及制度变革后的相关团体的收益大小。

---

① 奥利弗·威廉姆森. 资本主义经济制度［M］. 北京：商务印书馆，2004.

8.2 推进西部新型城镇化的制度安排

要实现西部地区新型城镇化的迅速推进，构建城乡一体化发展的格局，需要克服原有的制度缺陷，主要从户籍管理制度、城镇住房制度、城镇教育管理制度和社会保障制度等几个方面进行改革和完善，最终形成具有西部特色的制度安排，增加西部城镇的综合竞争力。

8.2.1 改革户籍管理制度

人口的自由流动是推动城镇化的重要途径，取消城镇和农村二元户籍管理制度，实现人口的自由迁移和流动是西部新型城镇化建设的关键步骤。虽然2014年我国户籍制度改革已经明确实施居住证制度，但相关配套措施仍不完善。西部地区应进一步实施自由、有序、多向流动的人口迁徙配套政策。

第一，促进农村人口向城镇转移。西部地区各级地方政府应分类别、有条件地出台降低城市户籍门槛的政策，破除现有的阻碍人口流动的制度壁垒。中小城市和小城镇应首当其冲，允许符合具有稳定收入和可靠职业条件的外来人口在经常居住地落户，并享有与当地城镇居民同等权益，尤其是承载能力较强、劳动力需求量较大的中小城市应率先放开户籍管制。大型城市主要解决好技术职称人员以及高校毕业生的落户问题，对长期居住并有固定职业的农民工适当放宽落户条件。

第二，引导大城市人口向中小城市流动。人口大量聚集在大城市给大城市带来了各种压力，不利于城市的可持续发展，建议出台相应的政策措施用来引导人口从500万以上的大城市向中小城市迁移，减缓大城市压力。特大城市、巨型城市要以宽松政策鼓励人口向郊区迁移，有条件的大城市可把郊区的小城市及乡镇发展为卫星城，通过承接大城市的产业和人口来解决大城市的“城市病”问题。

第三，放开城镇居民在农村落户。现代农村是不少城市居民尤其是创业志士、自由职业者、退休人员的青睐之地，建议西部地区允许部分城市人口向农村迁移，地方政府可设计科学的户籍进出制度，让其在农村生活与发展。只有这种双向的户籍制度改革，带来城乡人口的双向流动，才能真正实现城乡一体化的发展。

8.2.2 调整城镇住房制度

城镇住房制度关乎民生、社会和谐稳定，是现代经济的基础性制度之一，需要全方位的加以完善。由于住房支出占一般家庭支出份额较大，完善城市的住房制度也是调节收入分配的重要途径。

首先，要保障低收入群体的住房需求，地方政府要更广泛地投入多方面的住房资金用于建设保障性住房、公租房等，实施中坚持既可租又可售，建立监管严格的保障性住房准入、使用、运营、退出制度，使真正需要房子的低收入群体能够租得到甚至买得到房。

其次，要满足外来人口的住房需求，把解决外来务工人员特别是农民工住房问题摆在城镇化发展的重要位置。建议国家和地方政府出台关于农民工住房保障的具体政策，通过市场调节为主、政府扶持为辅，鼓励企业建立集体宿舍和职工公寓，同时引入社会资本进行投资，逐步形成多样化的农民工住房供应体系。

最后，要对房地产价格进行调控，建立有效的房地产价格调控机制。健全科学的房地产数据报送、统计和披露制度，重点对房价上涨过快的大城市建立房价信息监测库，及时准确掌握房地产状况，确保信息的全面真实。落实西部各省份在住房保障和价格稳定方面的责任考核，最终建立起完善的住房保障体系。

8.2.3 完善城镇教育管理制度

教育，作为阻隔贫困代际传递的关键手段，是西部地区调节收入分配的重要途径。为促进西部城镇化发展，必须大力完善城镇现代化教育体制，重点解决服务产业需求、农民工子女入学、市民终身教育等问题。

第一，科学合理地进行学科设置，顺应国内外新经济、新技术、新管理的发展需求和趋势，以市场需求为导进行人才培养。西部要加快高等学校、职业学校的部分学科调整，地方要加快申建服务本地发展的特色专业或研究机构，不断解决市场需求方向与人才培养方向错位的问题，促进大中专毕业生从“毕业证”到“就业证”的迅速转换。

第二，减轻农民工子女教育负担，西部各省份政府要出台强有力的措施，比如以条例、意见、通知等形式，强制城市中小学部门降低农民工子女学杂费，取消各种额外加收的费用，同时对于家庭贫困的学生免除学杂费。增加财政资金对农民工子女教育的投入，加强教师队伍建设，使农民工子女能够获得优质的教育资源。

第三，引导继续教育和终身教育。虽然我国中央政府还未制定关于终身教育的法律条文，但是东部沿海的部分发达省份如上海、江苏等，已经相继出台了关于继续教育和终身教育的相关法律法规。西部各省应健全终身教育方面的体制机制，加强政府统筹，整合各种教育资源，引导各高校和职业技术学校以及有条件的企业开展继续教育，鼓励市民参与继续教育和终身教育，不断提高西部地区的人力资本，为西部知识经济的发展和新型城镇化的建设提供持续的动力。

8.2.4 健全社会保障制度

完善的社会保障体系是调节收入分配，使全体居民共享发展成果的基本保障。西部地区新型城镇化的顺利发展离不开财政主导、管理分层、筹资多元、城乡共享的新型社会保障制度。

首先，确保各级政府在社保建设与完善过程中应履行的职责与义务必须得到有效落实。社保资金中财政收入的占比也应该得到明确，按照社保项目的不同性质，划分不同的资金比例，从而建立起规范运作的社会保障制度。同时要制定配套的改革措施，重点加强在财税和收入分配领域的改革进程。

其次，应在经济发展程度高、经济实力强的城市优先建立起进城务工人员的社会保障机制，并逐步向中小城镇扩散实施。加强针对工伤、重病等意外事件的保险制度建设，督促用人单位为农民工购买工伤和重病保险，解决“因伤致贫”“因病致贫”等可能使收入分配恶化的问题。通过对进城务工人员实施参保与法制教育来提高他们对国家政策的信任度，并提高其参保的信心和意愿，从而提高参保率。对与设定条件相符合的进城务工人员给以与市民同等标准的社会保障待遇，通过降低费率、费基的方式提高农民工参保率，力争到 2020 年实现社保对农民工的全覆盖。

最后，还要做好社会保障系统的信息化工作，为政府决策提供更完整、精确、及时的数据信息，提高劳动保障部门的服务效率。建立省、县、乡三级一体化的社会保障服务平台，将社会保障制度向基层扩展。通过劳动保障信息网络系统的建立，降低人口跨区域流动时社会保障对接和转移的壁垒，提高人口区域流动的效率，促进新型城镇化的顺利推进。

8.3 推进西部新农村建设的制度安排

西部地区由于长期存在严重的二元经济结构，使得农村一直处于城乡经济发展的弱势地位，农村的发展需要一个长期、健全、有效的制度体系来支撑。基于西部新农村的发展定位和二元经济体制的深刻认识，我们应该在土地、金融、教育、社保等方面从制度上进行全面而深刻地创新与改革，从而创造出一个高效率的要素和资源配置市场，促进西部地区城乡协调发展。

8.3.1 推进农村土地制度改革

从经营权上对农村土地进行改革，加快农村土地的流转，创建农村土地使用权交易市场，使农业朝着产业化、市场化的方向发展，提高农业生产效率，最终实现农民收入的持续增加。农业的规模化经营是实现农业现代化的必由之路，规模化经营能够实现农产品质量的提高与农业效益的提升。推进农村土地流转和集约利用，要坚持自愿、有偿和依法运作的原则。

第一，完善农村土地制度改革的相关法律。占较大比例的西部农村地区人口向东部地区或者大中城市流动，导致大量的土地闲置，土地的所有权、承包权和经营权分离的条件也基本成熟。稳妥推进土地承包经营权改革需要明确的法律界定，完善相关的法律法规，为土地管理制度改革厘清障碍，提高西部地区土地制度改革的效率。

第二，农村土地流转要坚持市场化的思路，充分发挥土地作为生产要素的功能，促进土地这种要素的优化配置。建立完善的土地承包权转让机制，使得闲置土地得到更充分有效地利用，以招投标方式作为土地流转的标准方法，以保证土地流转过程的公开、透明，保障农民的合法权益。

第三，建立现代化的农业生产模式，引导规模化经营，重点加强对专业大户、农业企业等经营主体的扶持。鼓励农民通过土地入股、土地承包权互换和转让等方式参与到农业现代化规模经营中，使得转让土地的农民和受让的农业大户或者企业都能从土地制度改革中获益。此外，西部农村应大力发展生态农业，保护农村土地和生态环境，坚持集约式发展模式。

8.3.2 构建新农村金融制度

虽然西部大开发以来西部金融体系建设取得了有目共睹的成绩，但是农村金融仍是西部金融体系的薄弱环节。新农村金融体系的建立可以为农民提供便利、优质的金融服务，提高农村地区的整体生活水平，同时亦可为当地居民和企业提供低成本的融资服务和多元化的投资渠道。西部农村地区应加强各类金融机构的发展，重点支持商业银行和政策性银行在当地开展业务，鼓励小额贷款公司、金融租赁公司等金融机构进驻本地市场，最终形成功能完善、运行高效、资金充裕的多层次金融服务体系。

第一，加大政府财税政策及对政策性银行的支持力度。综合运用税收优惠、财政支持和差异化的利率定价等方法增加农村金融供给。发挥农业发展银行的政策功能，为农村地区基础设施的建设提供低成本的中长期融资服务，提高农村的公共服务水平。

第二，要降低西部农村地区金融行业的准入门槛，增加农村金融供给。西部地区应完善相关制度和配套措施，放开民间资本设立股份制金融机构的权限，降低进入金融行业的门槛。鼓励民间资本参与农村金融发展，解决西部农村金融的供求缺口过大的问题，满足农村经济发展的需要。

第三，大力推进小额贷款公司、村镇银行等的抵押业务发展，积极发展产权抵押融资，在对土地、宅基、林地、海域确权的基础上，加快构建科学的产权评估机制，促进农村产权融资业务顺利开展。鼓励农民通过土地承包经营权和宅基地等作为抵押进行贷款的方式，为扩大农业生产规模和提高农业生产条件筹资，扩展农村金融的服务人群，真正实现“普惠金融”的目标。

第四，推广农业保险业务，为农业行业波动大的风险提供对冲手段。通过政策性保险和商业保险有机结合、协同推进，为广大农民提供更多的可选保险类别，化解由于自然灾害带来的农民收入的巨大波动，解除西部地区农民扩大生产的后顾之忧。同时应做好农民征信体系的建设，为“三农”贷款风险评估工作奠定基础，从而降低农村贷款业务的风险。

8.3.3 完善农村教育发展机制

西部地区，作为我国的经济发展落后地区，由于农民素质低下严重影响了农业生产力的提高，完善农村教育发展机制成为提升人力资本、增加农民收入的关键途径。农村教育的发展和完善关键在于巩固基础教育、引导农民职业教育和加大对贫困地区的帮扶力度。

首先，巩固农村义务教育。政府要加大农村义务教育的资金保障，把用于义务教育的财政资金合理地在城乡之间、不同区域之间进行分配，重点支持少数民族地区和贫困地区，确保用于农村义务教育的资金逐年增长。要提高义务教育的覆盖面和质量，确保义务教育制度在西部农村深入实施，使所有农村适龄儿童少年有学可上、上学免学杂费。继续坚持区域对口帮扶机制，加大中小学教师、教育资金对西部民族地区和贫困地区的支援力度。要对因家庭经济困难无法读书的孩子给予生活补助，制定具体的政策和补助标准，确保每一个孩子都能依法享受义务教育的权利。

其次，大力发展农村职业教育与培训。西部地区各级政府应重视加强农民的职业教育的紧迫性，引导西部农村居民自愿、积极参与职业培训，培养有文化、懂技术、会经营的西部地区新型农民。强化各省份政府担负农村职业教育发展的职责，构建省级教育资源均衡配置机制，在资金、项目、技术上全面支持本省农村发展，缩小城乡人力资本的巨大鸿沟。

最后，加强对西部贫困地区的帮扶力度，通过转移支付方式发挥财政的调节功能。重点对少数民族、革命老区和贫困地区进行资金和人力支持，提高这些地区的办学条件，引导毕业大学生到西部贫困地区支教。推动老少边穷地区的信息技术教育，通过多媒体远程教育促进教学水平的提高，从而逐步缩小区域之间的教育水平差距。

8.3.4 健全农村社会保障制度

农村社会保障体系的建设涉及就医、养老和基本生活保障等方面，需要坚持广覆盖和持续性的原则，同时还需要财政给予资金上的保障，确保农业现代化的顺利实现。

第一，完善农村医疗保险制度。新型农村合作医疗制度是农村地区医疗保险的基本制度，坚持以大病统筹为主，强调政府、集体和个人共担医疗费用，是一种新型医疗保障制度。西部地区各级政府应注重引导农村家庭成员整体参合，并提高对贫困地区的人均补助标准，实现对贫困人口的全覆盖。在此基础上，尝试从现行合作医疗制度向医疗保险制度过渡，政府应鼓励和引导各类保险公司和基金为西部农村居民提供分层次、多样性的保险品种，拓宽农村医疗保险的覆盖人群和覆盖面。

第二，完善农村养老保险制度。西部地区应建立多种形式的养老保险制度，合理确立社会、个人和家庭在养老中的相对作用。提高政府对贫困人口的参保补助，对处于绝对贫困线以下的人口可以实行全额补贴，并鼓励有条件的农民选择较高档次的交费标准。在条件成熟的城市郊区率先进行城乡统一的养老保险制度试点，再向其他农村地区推广，最终实现全民统一的养老保险制度。

第三，完善农村最低生活保障制度。西部各地区要结合本地的经济发展水平，考虑农村居民生活必需的吃、穿、住、行费用，合理确定最低生活保障水平，对于低于最低扶贫标准的地区要适当提高保障标准。切实落实五保供养和社会福利等政策措施，确保农村地区最低生活保障制度严格执行。

第四，完善资金筹措和法律保障。国家应加大对西部农村社会保障的财政支持，中央和地方政府应明确各自责任，中央政府应加大对西部农村的扶持力度，对西部农村实行适当的政策倾斜。对农村社会保障资金的筹措放宽政策，鼓励社会资本通过经济合作组织等方式支持农村社保事业。针对我国目前农村社会保障法律体系仍不完善的现状，建议在不断修改和完善现有相关法律的基础上，加强监督管理机制，使各项保障制度能有序推进。

8.4 推进西部城乡统筹的制度安排

由城乡二元经济结构导致的城乡收入差距过大一直是西部地区致力于解决的现实问题，随着经济的发展，这一问题出现了不断恶化的趋势，不论在经济发展，还是在科教、体育等社会事业方面，城乡发展差距都十分巨大。要想从根本上解决这些问题，必须对现有制度进行改革，具体包括行政管理、农民工市民化、基本公共服务、生态建设等多方面，建立起统筹城乡均衡发展的制度安排。

8.4.1 构建城乡统筹的行政管理体系

西部地区应加强政府职能的转变，发挥市场合理配置资源的功能，减少行政干预，建设规范化的服务型政府。在城乡行政管理上要将政府职能转变到社会管理、市场监督和公共服务上，应对农村地区也实现政府的管理和服务全覆盖，推进行政管理体制的城乡一体化。

首先，转变政府职能，构建服务型政府。服务型政府的建设是城乡统筹的基本前提，也是新型城镇化推进的重要环节。西部各级政府在进行经济社会管理调节时，应以“管理就是服务”的理念为根本原则，转变政府职能，统筹规划，合理配置公共资源，促进社会的和谐与稳定。

其次，明确各层级政府的职责。加大对行政管理资源的整合，将可以由社会组织和行业协会承担的监督、管理职能从政府转移出去。合理划分省（区、市）、县、乡镇三级政府管理权限，减少非本层级政府的管理范围事项的干预，将本级政府的主要职能放在为当地提供更好的公共服务和公共产品上。

最后，建立城乡统筹的管理体制。各级政府应在统筹城乡发展的要求下，制定具体的城乡基础设施配套、公共服务配套和如何协调经济社会健康发展的专项规划，并对各规划的执行效果进行监督和绩效评价。在现有的农村管理薄弱的情况下，西部地区应加强基础设施和公共服务资源在农村地区的配置，推进城乡教育、医疗、卫生和社会保障等公共服务的均衡发展，为经济发展提供良好的环境。

8.4.2 推进农民工市民化

农民工问题一直是西部新型城镇化推进的关键问题，推进农民工市民化的具体实施过程中会涉及就业、居住和社会保障体系建设等诸多方面的内容，因而需要对这些因素相关的多项制度进行改革和完善。虽然2014年7月我国已经推出了户籍制度改革的相关意见措施，但与之相关的推进农民工市民化的各项配套政策措施仍然有待完善。

首先，构建公平的劳动力市场。要实现农民工收入的增加、缩小城乡收入差距关键在于消除阻碍劳动力流动的各种障碍，建立一个公平的劳动力市场，消除就业歧视，充分保障农民工的就业权利。一是强化政府职责。西部各级政府应从转变劳动市场待遇入手，给进城务工的农民工群体与城镇的劳动者同等的待遇，使农民工能够公平地参与到就业市场的竞争之中，使农民工在市场中的主体地位得到明确，维护农民工合法权益。二是由于实际情况中农民工职业素质较低，无法大规模到正规部门中工作，而是较多的从事非正规职业，这就需要西部地区各级政府应借鉴发达国家的管理经验，为农民工提供职业培训和资金支持，制定专门的规章制度，协调各职能部门的关系，为非正规就业创造良好的制度条件。三是将农民工纳入创业扶持的范围，构建专项对接农民工创业的扶持办法，为农民工创业开辟绿色通道。西部各级政府应加大财政资金对农民工创业的扶持力度，为农民工提供免费的创业培训，有条件的省份可以设立创业基金，扶持农民工创新创业。为返乡创业的农民工可提供创业贷款优惠，使创业担保贷款也能惠及农民工，同时加强对农民工创业企业的各项税收优惠，切实减轻农民工创业的税收负担。

其次，提升农民工的职业技能。我国“十三五”规划明确提出要“提升农民工的职业技能”。增强农民工的工作技能，提高农民工的人力资本是农民工增加收入的重要途径。增强农民工累积人力资本的能力，需要有效的制度保障农民工的基本权益，要严格落实农民工最低工资保障和同工同酬政策。与此同时，通过面向农民工开展具有针对性的职业技能培训，使农民工能够掌握一技之长，提升农民工在职场上的竞争力。一是西部各地区的政府相关部门成立专门负责农民工培训和求职的部门，整合资源，统筹安排农民工培训的项目和资金使用，分地区和工种对参与培训的农民工进行补贴，并进一步完善运行流程的监督机制。二是政府为农民工提供免费的培训服务。在培训内容和方式的选择上要充分考虑农民工的实际情况和需求，以市场为导向，明确培训重点，分行业聘请相关专家进行专业化的技能提升培训。及时调整培训课程与内容，使得培训方向适应经济结构调整和市场所紧缺的岗位，突出强调培训的成效性，提高培训后的农民工就业率。三是鼓励企业、行业协会和院校定期对农民工进行培训，建立多元化的培训机制。鼓励社会组织和团体参与到农民工的培训中，提高农民工培训项目所在企业职位的适配性，使农民工参与的培训能迅速掌握一项或多项所在岗位和未来就业所需的实用技能。发挥产学研结合的作用，鼓励各高校、职业技术学校与企业合作，创办农民工职业培训基地等，鼓励中小企业依托各院校创办农民工业余学校。

最后，建立农民工住房供应体系。一直以来，农民工在城市的居住环境恶劣，严重影响了他们的生活质量、医疗卫生、子女教育等问题，造成了大量农村留守儿童。为满足农民工群体的住房需求，政府应以市场调节为主、政策扶持为辅的思路和措施，鼓励企业对农民工进行帮扶，逐步改善农民工的居住条件，促进其市民化。政府主要是通过政策和资金投入来解决农民工住房问题，对为农民工提供合适住房需求的单位和房地产企业实行税收优惠政策，资金投入主要是直接为农民工建设保障性住房和给予住房补助。一是西部各级政府部门应完善相关制度，逐步将农民工纳入住房公积金制度覆盖范围，鼓励用人单位与已经建立稳定劳动关系的农民工共同存缴住房公积金，支持其利用公积金贷款购买商品住房，有条件的省份应对农民工购买首套商品住房给予政策支持。二是引导社会资本建设经营公共租赁住房，西部各级地方政府研究制定适合当地的公租房土地供应和税收优惠措施，引导、培育和调节公租房的社会融资机制，鼓励西部企业建集体宿舍和职工公寓，并对企业修建宿舍和公寓的土地实行税收优惠。三是西部各级政府应投资建立更多的保障性住房，逐步将符合条件的农民工纳入经济适用房、廉租房、政策性租赁房的覆盖范围，每年划拨一定比例的保障性住房用于农民工居住条件的改善，并且将每年新修建的保障性住房重点优先考虑用于农民工，切实有效提高农民工的住房质量。

8.4.3 均衡城乡基本公共服务

中共中央“十三五”规划明确提出要推进公共服务的均等化建设。西部地区由于长期存在城乡二元结构，城乡经济发展差距较大，推进公共服务的均等化成为统筹城乡发展的重要内容。

首先，健全相关政策制度，保障公共服务均等化的推进。建议国家立法部门尽快完善公共服务均等化方面的法律法规，为各级政府公共服务项目推进提供法律依据。西部地区各级政府也应有效落实国家关于公共服务均等化方面的政策，各有关职能部门也应对公共服务供给的投入项目、资金、规模实行监督，提高公共服务供给的水平和效率。

其次，引导公共服务向农村倾斜。西部地区要增加农村财政支出，提高农村社会保障水平等，均衡城乡基本公共服务。大力推进农村社会事业发展和机制建设，以改善民生、提高人民精神文化生活为中心，各级政府要不断增加对乡村公共事业的扶持力度，使得公共资源向农村社会事业倾斜。不断提高乡村医生、乡村教师等基层公共服务人员的待遇水平，加强对他们的专业技术培训，通过建立良好的基层工作激励机制鼓励高校毕业生深入基层、投身乡村实践。构建现代化的公共卫生服务体系。健全农村地区的救助制度，帮助贫困家庭提高生活水平，重点对留守老人和儿童的进行帮扶。推进西部农村的医疗、教育、社保等方面的全面发展。

最后，建立多元化的公共服务供给机制。由于现阶段仅依靠政府财政投入公共服务设施，使得西部地区公共服务水平停滞不前，与东部地区差距越来越大。西部各级政府应鼓励社会资本注入农村社会事业，实现政府与社会资本联动，形成多元化的供给格局，促进西部城乡社会事业的发展进步。

8.4.4 统筹城乡环境保护和生态建设

环境保护和生态建设，不仅是西部经济社会可持续发展的重要基础，也关系到西部新型城镇化推进的质量。西部地区在推进城乡统筹的过程中，应注重环境保护和生态建设，避免走东部地区“先污染，后治理”的老路。

首先，发展生态产业。西部地区在推进新型城镇化的过程中，应注重推进生态工业、生态农业和生态旅游业的发展。对于生态工业而言，西部各级政府应加大向循环经济产业的投入，引导企业建设生态工业园，走低能耗、低污染的可持续发展道路。对于农业生产而言，推进节地、节水、节肥的集约型种植方式，延长农业生态的产业链，生产有机、绿色、无污染的生态食品。依托西部地区良好的自然资源和人文条件，开发环境友好型的生态旅游，使产业的发展符合生态文明的需要，在促进经济增长的同时实现人与自然和谐共处。

其次，加强农村地区的环境保护，严格控制当地企业的污染排放。全面实施“政府监督、企业自律、公众参与”的环保监督机制，增强执法力度，对生活垃圾进行处理再利用，防治城镇生活污染，严格防治水污染、大气污染。在农村地区积极推行养殖业废弃物无污染治理、农村沼气建设、改水改厕、垃圾集中处理、减少化肥农药使用等诸多减少污染的举措，从农业污染源入手防治农村环境污染。

最后，加强生态环境保护。对于三峡、长江等重点江河流域进行全面的生态修复和保护，制定严格、具体的污染防治方案，从而切实做好西部地区生态环境的保护工作。利用政府的财政补助资金对污水与垃圾、重点工业污染源、次级河流污染等进行整治与处理；利用退耕还林，强化天然林保护等手段，逐步增加长江流域的防护林面积，力争实现 2020 年森林覆盖率到 45%的目标，最终使西部城乡经济发展与生态环境建设相互协调。

8.5 缩小西部城乡收入差距的制度安排

作为“一带一路”建设的重点区域，西部地区在探索缩小城乡收入差距的模式中，必须促进收入分配制度改革、加强财政转移支付、推进工业反哺农业和完善农产品价格支持等一系列制度，这是西部地区城乡协调发展与缩小城乡收入差距的关键。

8.5.1 促进收入分配制度改革

2013 年，国务院推出了《关于深化收入分配制度改革的若干意见》，明确提出了要缩小城乡收入差距，健全促进农民收入增长的长效机制。西部地区应认真贯彻落实该意见的精神，切实解决西部城乡收入分配中存在的不公平问题。

第一，完善初次分配制度。西部各级地方政府应积极引导农村剩余人口转向城镇就业，并创造出更平等的城镇就业环境，通过农民工职业技术培训等提升劳动力的就业技能，促进城乡就业机会公平。各级地方政府应根据本地区的平均工资和物价水平制定科学合理的最低工资标准，并每年按照一定的比例增加。对于某些非全日制工作可以根据地区、行业不同，制定不同的每小时最低工资，保障农民工的合法权益。

第二，调整再次分配制度。西部地区由于基础设施薄弱、公共服务不健全，各级地方政府应进一步健全收入再分配调节机制，以税收、社保和转移支付为主要手段的。加大对涉农企业和乡镇的税收优惠力度，带动农村经济的快速发展和农民的增收；完善城乡一体化的社会保障制度，加大用于教育、医疗、养老等社会保障和改善民生的财力支持；通过加大对农村的财政转移支付，调节城乡发展的基础设施等差距，为城乡一体化奠定坚实的物质基础。

第三，健全促进农民收入增长的长效机制。农民收入的持续增长是缩小城乡收入差距的关键，西部地区应加大城镇对乡村的带动作用，促进生产要素在城乡间的自由流动，促进公共资源在城乡间的均衡配置，真正实现城乡、工农互动协调发展。西部各级地方政府应通过推进工业反哺农业、农民工市民化、农业现代化、健全农业补贴制度和加大扶贫开发的投入等方式，走具有西部特色的协调城乡收入差距的道路。

8.5.2 加强财政转移支付

转移支付，作为西部大开发以来中央政府对西部地区经济发展的重要支持方式之一，是重要的收入再分配调节机制，也是西部地区各级政府间平衡财政收入、促进公共服务均等化、缩小城乡收入差距的重要手段。西部地区应解决现有转移支付中存在的问题，进一步推进财政转移支付制度改革，增加西部地区的财政转移支付投入力度。

第一，明确各级政府的权责范围。对于许多事权交叉模糊、划分过粗之处，中央政府和西部各级政府应明确各级政府的事权和支出责任，打破统收和统支的混乱局面。按照全国性公共产品由中央政府提供，地方性公共产品由地方政府提供的原则，按照支出责任和收益大小划分给各级政府的承担比例，并不断提高中央政府对西部财政转移支付的比例。

第二，优化现有的转移支付体系。专项转移支付和税收返还对于协调区域性财政不均衡起着重要的作用，除了一般性转移支付外，中央政府和各级地方政府应增加用于教育、文化、卫生、社保的专项转移支付，平衡区域间和城乡间的公共设施。借鉴发达国家的经验，提高西部地区高新产业、特色产业和涉农产业的税收返还力度，引导西部产业的优化升级，缩小城乡收入差距。

第三，增加对民族地区和贫困地区的转移支付。西部民族地区和贫困地区在空间分布上往往高度重叠，由于自然历史条件等多方面的因素限制，这些地区公共产品的供给严重不足。党的十八届五中全会也明确提出要加大民族地区的转移支付，各级地方政府应增加民族地区和贫困地区转移支付在总支付中所占的比例，确定每年环比增长的比例，提高他们的转移支付系数，支持这些地区的经济社会全面发展。通过财政转移支付缩小区域经济发展差异和城乡收入差距。

8.5.3 推进工业全面反哺农业

发达国家和东部地区的城乡互动发展经验表明，政策、资金、人才技术等方面的支持反哺农业与农村是经济发展到一定阶段后出现的普遍现象，为西部地区的城镇化提供了许多可借鉴的实践经验。

首先，政策支持。政策支持是工业反哺农业的基本保障，也是农业政策的一次重要调整。为了保障西部工业反哺农业，城镇带动乡村的顺利实施，应进一步完善工业反哺农业的现有政策体系。一是树立“三农”政策的权威性、系统性和可操作性，可借鉴美国的发展经验，通过立法和项目管理的形式来建立完善的农业政策体系，健全具有量化规定的、易操作的、有法律条文可依的“三农”法律法规。二是合理划分各级政府在工业反哺农业中的职责。除了中央政府制定的各项反哺法律法规之外，各级地方政府应立足当地的区位优势和资源优势，调整工业反哺农业的方式和途径，对于经济较落后的地区应加强政府的财政转移支付力度，支持这些地区的特色农业产业发展。三是推进农村金融改革。考虑到西部地区自然灾害较多和农产品价格大幅波动的情况会使农业经营面临较大的自然风险，政府应推动农业经营者与保险公司开展合作，大力发展农业保险，使农民通过购买农业保险的方式来抵御自然风险所带来的巨大损失。

其次，资金支持。西部地区农业由于长期面临着自然环境恶劣、自然灾害频发、基础设施短缺的制约，生产力长期落后、经营规模较小、科技含量较低已成为西部农业发展的显著特点。资金问题是西部工业反哺农业的重中之重，应加强政府、企业和金融三方面的支农资金投入。一是应该合理地划分不同层级的政府在资金投入方面的职责范围，根据政府的不同层级，中央财政与地方财政的投资侧重点与支农职责应依据其各自的职能进行不同的划分，这就必须妥善处理中央、地方以及基层财政部门的关系，形成一种合理分工的财政投入模式，即以中央财政投入为主，辅之以地方财政投入。政府应增加农业投入在财政支出中的比例，确保扶持农业的财政资金占比逐年提高，切实提高西部农业的自我发展能力。二是应加大对农业生产者的税收优惠和扶持力度。加强对农业生产单位和个人的税收优惠措施，并加大对涉农企业补贴的力度。鼓励企业加大对现代农业生产园和特色农业产业基地的投入，提升农业生产的规模化、产业化运作。三是应加强金融支农。在加强农业政策性银行对农业企业的贷款规模外，西部地区还应加大农村信用社和农业银行等对农业生产者的贷款支出，加大对乡村中小企业和个体农户的贷款投放力度，完善农民贷款的担保体系，降低农村企业和农民的贷款门槛。

最后，人才技术支持。美国经济学家西奥多·舒尔茨（Theodore W. Schultz）曾提出，农村人力资本提升和农业技术的进步是传统农业改造和工业反哺农业重要环节。一是从人才层面，人力资本的培养是一项长期艰巨的任务，主要在于培养新型农民，为实现农业现代化打下基础，同时引进科技管理人才，为实现农业现代化提供人力支持。西部各省份政府应组织下级各单位以及高校科研院所为培养新型农民建立起完善的教育培训体系，为农民搭建起与企业及科技服务者学习、交流的平台，丰富培训方式，加强远程教育培训方式的推广，塑造现代新型农民。二是应鼓励更多的具有先进技术的人才回乡创业，带动农村技术的进步，并为回乡创业的大学生、高技术人才制定各项生产、生活的优惠政策。引导高素质人才服务农村、扎根农村，提高西部农产品的科技含量和市场竞争力。三是农业技术创新为农业发展提供源源不断的动力，是农业现代化进程中至关重要的环节，要进一步改革农业科研体制，为产学研深入融合创造条件，提高科技在农业发展中的贡献度。

8.5.4 完善农产品价格支持与补贴制度

农产品价格支持和补贴政策是稳定农产品供给、增加农民收入的有效政策措施，也是收入再分配调节的重要手段，我国已实行相应的扶持政策，但与发达国家相比，缺乏专门的法律条例，农产品价格支持机制不够健全，支持力度还有差距，仍需不断完善。

首先，推进市场化改革。农产品的价格形成机制要坚持以市场化为原则，政府在进行宏观调控的过程中要发挥市场在农产品价格形成和资源配置中的主导地位，对导致农产品价格扭曲的领域进行改革。一是对于农产品价格的决定，应发挥市场的作用，以市场来调节粮食供给，使农民的生产方向以市场价格为导向，减少过剩生产，保护农民生产的积极性。通过价格机制激励农产品的科技附加值，提升西部农产品在国内和国际的竞争力。二是政府在进行价格调控过程中要兼顾农民利益和财政承受力，同时还要根据产品品质、区域等因素制定量化的定价标准，从而对农民种植优良品种、精耕细作起到正向激励作用。三是考虑到目前部分农产品价格较低、农产品价格波动过大、农业种植的收益率不高，政府应采用价差补贴的形式，并逐渐上调农产品最低收购价格，稳定粮食生产，保障农民的收益。

其次，健全农产品价格支持制度。农产品价格支持制度是一种通过市场机制来稳定农产品价格的有效手段，当政府制定好农产品的支持价格之后，政府就会通过在农产品市场上进行买卖操作以维持既定的价格。另外，支持价格制定并公布之后就相当于向市场传递了明确的价格预期，这也有利于农产品价格向支持价格靠拢，显著减少农产品价格的波动幅度。然而，若农产品支持价格与市场价格存在过大的差价会产生市场价格的现象，同时易引起农产品市场套利、投机行为的发生，因此在制定农产品支持价格时要尽量多获得供需双方的信息，从而做出更加科学、合理的决策。一是完善我国的农业法。西方发达国家的经验表明，完善的农业法律是保障农业健康发展的基础，由于我国农产品价格一直是以政策形式进行管理和调控，因此农业农产者难以得到明确的信号，推进法律化可以减少农业生产者的政策风险。二是制定农产品价格支持的配套制度。建立农产品价格支持的金融体系，发挥政策性银行的职能，加大对农业生产信贷资金的投入，和对粮食收购企业的信贷支持，保障农民的正常生产和农产品销售。三是加强农产品价格的预警监测。由于以往我国政府在进行农产品价格调控方面往往属于临时性和补救性的事后干预，政府部门应加大对农产品市场供求、交易价格信息的收集和发布，为广大农民提供更全面的信息服务，以指导他们的生产，促进农产品市场健康稳定运行。

最后，农产品补贴措施。相较于农产品价格支持制度，对农产品进行补贴可以直接使农产品种植者获利，增加农民的收入，可以精确衡量受益对象；另一方面，可以减少对市场价格的扭曲和干扰，从社会福利的角度来说，虽然采取农产品价格补贴的方式导致的损失较小，但不足之处是无法稳定农产品的市场价格。一是在具体操作过程中，要科学合理地制定农产品补贴标准，以增加农民收入为目标，全面考虑农产品种植成本、市场供求状况、财政承受力等因素。二是健全农民的农业种植信息，要保证信息的真实性、可靠性和及时性，为农产品价格补贴提供数据基础。加大对粮食主要产区的直接补贴，并适当考虑小农户的利益，提高农业综合生产能力。三是推进农业保险补贴。由于西部地区自然环境恶劣、自然灾害频发，应借鉴发达国家的经验，成立区域性的工业保险公司，为由于气候等原因造成的农作物损失提供保险，并对农民支付的保险费给予一定的补贴。

8.6 本章小结

要实现西部新型城镇化的迅速推进，构建城乡一体化发展的格局，需要克服原有的制度缺陷，本章提出了西部地区推进新型城镇化的制度安排，主要包括：一是改革户籍管理制度；二是调整城镇住房制度；三是完善教育管理制度；四是健全社会保障制度。最终形成具有西部特色的新型城镇化制度安排，增加西部城镇的综合竞争力。

西部地区由于长期存在严重的二元经济结构，使得农村一直处于城乡结构的弱势地位，农村的发展需要一个长期、健全、有效的制度体系来支撑。基于西部新农村的发展定位和二元经济体制的深刻认识，笔者提出了如下几个方面的新农村建设的制度安排：一是推进农村土地制度改革；二是构建新农村金融制度；三是完善农村教育发展机制；四是健全农村社会保障制度。通过这些制度的构建和创新，创造出一个高效率的要素和资源配置市场，促进西部地区城乡协调发展。

由于西部地区不论在经济发展，还是在科教、体育等社会事业方面，西部城乡发展差距都十分巨大，而城乡二元经济结构导致的城乡收入差距过大一直是西部地区致力于解决的现实问题，建立城乡统筹的制度安排是解决现有差距的重要保障。笔者主要从以下几方面提出了城乡统筹的制度安排：一是构建城乡统筹的行政管理体系；二是推进农民工市民化；三是均衡城乡基本公共服务；四是统筹城乡环境保护和生态建设。

通过城镇带动乡村，实现城乡互动是实现城乡收入差距缩小的必要步骤。笔者还提出了具体的制度安排，主要包括：一是促进收入分配制度改革；二是加强财政转移支付；三是推进工业全面反哺农业；四是完善农产品价格支持与补贴制度。

9 中国西部新型城镇化推进与缩小城乡收入差距的战略途径

西部地区作为“一带一路”倡议的重要参与者和主要受益者，应充分利用好国家对西部的支持政策，制定适合西部发展的战略途径，从加强特色资源开发、促进特色产业发展、构建特色城镇化体系、推进农业现代化、完善农村基础设施建设、提升农村人力资本和加快民族地区与贫困地区发展等多种途径，推进西部新型城镇化健康可持续发展，有效缩小城乡收入差距。

9.1 加强特色资源开发

我国“十三五”规划明确提出，要“深入实施西部大开发，发展特色优势产业”。西部地区作为我国重要的战略资源储备区和保障区，含有丰富的矿产资源、清洁能源、旅游资源等特色资源，各种特色资源在全国都具有开发利用的比较优势，注重对特色资源的挖掘和发展，不仅对产业结构调整、转变经济增长方式、优化资源配置和实现城乡互动具有重要的现实意义，而且对新型城镇化的建设和缩小城乡收入差距具有重要的推动作用。

9.1.1 特色矿产资源开发

矿产资源主要包括煤炭资源、石油资源、天然气资源、金属矿产资源和非金属矿产资源等。西部地区涵盖了全国30%以上的煤炭与天然气资源和50%以上的锰、铬、铅、锌和铝土等矿产资源。其中新疆的石油、天然气、煤炭储量丰富；内蒙古的煤炭居全国首位；青海的盐湖类矿产资源十分丰富；四川的稀有金属是全国重要的战略储备区；广西的有色金属储量巨大等。就西部地区矿产资源开采技术落后，资源环境破坏严重的现状，西部应立足比较优势，促进结构调整，着力自主创新，突出重点区域，保护生态环境，走具有西部地区特色的优势资源开发道路。西部地区应该在“一带一路”倡议的指引下，充分发挥本地区独特的区位优势与资源禀赋的比较优势，走出传统资源利用效率低与转换能力弱的困境，依托国家对西部地区在基础设施和高新技术方面等大力投入的政策优势，积极引进国内外先进的技术，从而促进西部地区特色资源的高效开发与利用。推动形成以“人无我有，人有我优”为特点的特色优势资源产业，提高能源资源聚集区的利用效率，发展以优势资源开发利用为重心的主导产业。对传统的煤炭、石油、金属矿等能源资源，加大技术勘探与开发合作力度，努力形成科学规划、高效开采、开发与治理一体化的特色西部地区能源资源开发模式。

9.1.2 特色清洁能源开发

西部地区除了是我国矿产资源的重要储备区，还有丰富的水能、风能、太阳能、沼气等可再生的清洁能源，由于这些能源具有无污染物排放、不存在能源耗尽可能性的特点，近年来，清洁能源的开发利用也成为世界各国关注的重点方向。西部地区应利用好拥有独特清洁能源的优势，各级地方政府应将清洁能源的发展纳入规划，积极引进该领域的高端人才和技术，提高生产效率。同时制定扶持清洁能源产业发展的各项扶持政策和优惠措施，引导更多企业参与清洁能源产业的发展，对他们的科学研发和技术创新进行财政支持，鼓励区域内部以及对外的产、学、研合作项目，对这些项目实行补贴，通过技术创新来降低企业成本，并进一步加大税收优惠力度。一方面打造出国内先进的清洁能源高地，补充国内的现有能源结构过度依赖传统矿产资源的劣势；另一方面通过绿色能源的发展加快西部产业结构的升级和转型，避免走东部地区先污染后治理的老路，保护生态环境，走绿色、低碳的新型城镇化发展道路，实现人与自然的和谐共处。

9.1.3 特色旅游资源开发

在国家“一带一路”建设的背景下，西部地区应立足自身优势，根据不同的自然地理条件，不同的文化习俗，以市场为导向，以绿色、低碳经济为发展方向，加强特色旅游资源的开发。虽然目前西部地区旅游资源开发已经初具规模，但由于布局太分散，未能形成规模效应，民族文化和民族特色的旅游资源开发力度不够，未能形成高品位、高知名度的品牌效应。西部地区应重视旅游资源的开发与丝绸之路的沿线文物古迹的开发和保护相结合，突出资源禀赋的特色，重视生态环境和人文资源的保护。发挥西部自然风光和民族文化的多样性，在继续发展现有的自然风景旅游模式的基础上，加大对农业观光旅游、生态旅游、民族风情旅游等专题旅游的开发。充分挖掘西部少数民族地区的特色旅游资源，在对当地的人文与自然景观、民族歌舞风情、原生态文化等特色资源的开发过程中，着重突出该地区的民族文化与原生态特色。以古代丝绸之路为核心，借力国家“一带一路”的优惠政策，打造国际化的精品旅游线路和特色旅游产品。

9.2 促进特色产业发展

我国“十三五”规划明确提出要“支持发展特色产业”。西部地区幅员辽阔，各省份资源禀赋差异巨大，各地的资源、文化、人才等方面的优势也各不相同，各地区应根据自身的区位特点和比较优势发展具有核心竞争力的特色农业、特色工业和特色服务业，通过特色产业的发展带动区域经济的健康可持续发展，推动新型城镇化的发展和城乡收入差距的缩小。

9.2.1 特色农业发展

西部大开发实施以来，西部地区的农业在中央和地方政府的各项优惠政策的扶持下，取得了可喜的成绩。但由于受自然地理条件恶劣和经济基础落后等的制约，仍存在特色农业的发展较缓慢、现代化程度仍不高、特色农业加工业竞争力较差、农产品附加值低等问题。西部地区应以各地区丰富的农业资源为基础，突出“特色农业”中的“特色”，发展具有市场竞争力的特色农业。一是利用环境特色，发展绿色产品。西部地区土壤污染和水污染等较东部发达地区更轻，具有生产绿色产品的良好环境，各级政府应注重对绿色产品生产的引导，打造具有国内和国际竞争力的绿色产品品牌。二是利用中药材资源优势，发展特色中药材产业。西部地区拥有丰富的药材资源，对于药材资源丰富的宁夏、青海、四川、云南、西藏、新疆等地区，地方政府应加强中药材基地建设，规范药材种植与管理，扩大产业规模，提高技术研发与创新能力，改变现有的药材粗加工、科技含量低、经济效益差的现状。三是利用西部地区的民族特色，制作加工具有民族文化特色的产品。包括发展草原特色牛羊肉的生产等，建立规模化的养殖基地，并进一步推广优良的品种以调整畜牧业的生产结构，将自然环境和区位优势转化为经济优势。除此之外，西部地区还可以发展多元化的特色农业，如：广西的特色水产业、云南的烟草业、贵州的酿酒业、四川的茶叶发展等。通过特色农业的发展，切实增加农民的收入，缩小城乡收入差距。

9.2.2 特色工业发展

基于西部地区的自然地理环境、人才、技术和各产业发展现状，西部各级地方政府应大力扶持特色工业的发展，以提高西部整体的工业化质量和区域的竞争力。主要应加强以下几大产业的发展：一是电子信息产业。近年来在国家和西部各级政府各项优惠政策的支持下，西部电子信息产业获得了较快发展。但仍存在规划滞后、自主知识产权产品比例不高、创新不足的问题，西部各级地方政府应加强自身引导，做好产业规划，发挥现有的人才优势，搭建平台推进产、学、研合作，加快前沿技术在产业内部的信息交流和扩散，为西部的信息化发展提供良好的技术环境。二是化工产业。化工产业一直是西部地区的特色优势产业，西部地区应抓住“一带一路”的发展机遇，提高石油、天然气、煤炭和有色金属等加工的科技含量，推动产业技术升级，强化环保意识，走出一条科技含量高、环境污染少、经济效益好的新型化工产业发展道路。三是航空航天产业。作为我国重点发展的高端产业之一，航空航天产业在西部地区的发展已经初具规模。西部地区应统筹规划，协调发展，加强关键性技术环节的攻关，并密切与国际先进科研单位和企业的合作，通过对航空航天产业的发展，带动西部的高新技术产业、装备制造业、电子信息产业等相关产业的快速发展。通过特色工业化发展，加快产业结构升级，推动新型城镇化发展的质量。

9.2.3 特色服务业发展

服务业是城镇化后期推动城镇化进一步发展的后续拉动力，也是如今西部地区吸纳农村剩余劳动力增长速度最快的产业。由于西部地区总体经济基础薄弱，第三产业总体规模较小，结构水平较低，发展重点不突出，未能体现出西部地区的特色。因此，西部地区应根据自身的资源禀赋优势，走出一条绿色低碳、极具地方特色的服务业发展道路。一是利用自然风光优美、人文景观旅游资源丰富、民族文化特色浓厚的特点，将旅游业发展为西部服务业的一大特色，通过旅游业的发展带动当地经济的低碳、绿色、可持续发展。在城镇郊区和农村地区，大力发展生态农业、观光农业、体验式农业等乡村特色的旅游业；在民族文化丰富的地区，以当地历史文化景观为依托，通过民族手工业、民族风俗体验、民族特色食品等，打造具有民族文化风采的民族特色旅游业，提升民族地区居民的收入水平，维护民族团结；在自然景观丰富的地区，在资源环境承载力范围内，以保护生态环境和为前提，适度开发当地旅游资源，通过旅游资源发展带动当地居民脱贫致富。二是利用“一带一路”倡议对西部地区的政策支持，以及西部地区与14国接壤的独特地理优势，大力发展特色物流业，努力成为连接我国东、中部地区和西亚、西北亚、欧洲等地区的桥梁。在发展特色物流业的过程中，应注重引进和培育专业技术人才，利用“互联网+”的政策优势，将信息化融入西部物流业发展，打造具有西部特色的物流模式。除此之外，西部地区还可以通过打造特色的餐饮业、商贸业、金融业、文化娱乐业等多项特色服务业，解决农村剩余劳动力的就业，推动西部新型城镇化的发展。

9.3 构建特色城镇化发展体系

在前文中，笔者论述了针对西部地区城镇化发展现状和问题，西部应走具有区域特色的多中心—外围城镇群的发展道路，就增长极点而言，由多个中心大城市协同带动，在空间结构上，呈多中心—外围的城镇群落层级体系；就产业支撑而言，形成城市间的产业关联和网络化发展，在城镇功能上，注重经济、社会、生态的全面发展。西部地区应着力构建大城市、积极培育中小城市、重点发展小城镇，通过多中心—外围的城镇群构建，加强城镇间以及城镇与乡村的互动，促进西部新型城镇化的推进和城乡收入差距的缩小。

9.3.1 着力构建大城市

大城市，作为信息交流与知识创新中心，在西部地区多中心—外围的城镇化发展体系中，对中小城市的技术扩散和产业结构升级起着关键的示范效应和辐射带动作用。由于西部地区大城市相对稀少，因此要发挥各省会城市作为中心城市的辐射带动作用，加快产业结构升级，将产业链延伸向中小城市和小城镇。通过加快各大城市的知识经济发展和科技创新力度，发挥产业集聚效应和规模效应，探索高端产业的发展，健全以区域特色产业、战略新兴产业和现代服务业为主的西部现代化特色产业体系。在成渝双中心—外围、呼包银三中心—外围、南贵昆三中心—外围、西兰双中心—外围城镇群落等西部重点城镇群落的建设中，要加强各中心节点城市的协作对接，实现产业联动、优势互补、互相渗透的网络化发展。在探索产业结构升级的过程中，各省份政府应科学引导大城市的劳动密集型产业向中小城市的转移，疏解大城市的人口压力，避免“城市病”的蔓延，并注重提升大城市的发展质量，提高在全国和国际的城市综合竞争力。

9.3.2 积极培育中小城市

由于中小城市在西部中心—外围城镇群的发展中起着承接大城市知识、技术扩散和产业转移，辐射带动小城镇和农村腹地发展的重要作用。加快发展中小城市也是西部地区优化城镇结构体系，提升城镇发展质量的重要环节。首先，西部各级地方政府应开发发展潜力大、资源环境承载力强的中小城市，加强中小城市的基础设施建设，提高这些城市对东部发达地区和西部大城市产业转移的承接能力，并适当引导特色优势产业向这些城市布局，夯实中小城市的产业支撑。其次，各中小城市应加强地方公共服务体系的建设，引导教育、医疗、卫生等公共资源向中小城市倾斜，引导各科研院校在中小城市设立分校区，以教育的发展来提升中小城市的人力资本，以公共服务的升级吸引大城市的人口向中等城市转移，扩大中等城市的规模，将中小城市建设为更宜居的城市。最后，发挥中小城市对小城镇和农村地区的辐射带动作用。通过中小城市的资本、技术、人才的扩散，和对小城镇与农村剩余劳动力的消化，进一步强化中心—次中心—外围地区的全面联系。通过各中小城市与周围其他城市的横向互动，形成分工明确、产业互补的网络化发展格局。发挥好中小城市作为纵向连接纽带和横向关联节点的重要作用，构建合理的城镇体系。

9.3.3 重点发展小城镇

小城镇在中心—外围城镇群的发展中虽然处于外围，但它仍是连接中小城市和广大农村腹地的桥梁，是西部发展现代农业和统筹城乡发展的主要载体，也是西部新型城镇化推进的重要战场。西部地区各级地方政府应对各小城镇的建设进行科学的规划，根据当地资源优势，引导具有地方特色的小城镇发展方向。在传统工业基础较强的小城镇，应以资源、人才以及工业技术为依托，加快构建特色产业集群，并推动产业向绿色、低碳、少污染的方向发展；对于处于交通枢纽节点附近的小城镇，应以专业化的市场和良好的交通条件为依托，加强现代商贸业、物流业以及服务业的发展；对于新兴产业发展基础较强的小城镇，政府应加强对科技创新的财政支持和补贴力度，提升高新技术人才的引进的福利待遇，打造区域乃至全国知名的品牌项目；对于旅游资源较为丰富的小城镇，政府应加大旅游基础服务设施的建设，适当借鉴国内外知名旅游景点的发展经验，通过政府投资进行品牌宣传，并注重对自然风光、历史文化、民族特色的旅游资源的环境保护，走可持续道路；对于现代农业发展基础较强的城镇，政府应鼓励农村的土地流转，积极引导培育农业龙头产业，建立农产品销售信息平台，促进当地的农业现代化发展。走出一条具有西部特色的小城镇发展道路，进一步推进西部新型城镇化，有效缩小城乡收入差距。

9.4 推进农业现代化发展

农业现代化是我国“十三五”规划提出的农业发展目标，2016年中央一号文件也明确提出应大力推进农业现代化。西部地区农业现代化水平总体比较低，为完成“十三五”规划的发展目标，西部地区要把信息化、产业化和技术创新作为优先发展的内容，农业现代化的发展有利于农民的长效增收，对西部城乡收入差距的缩小具有重要的促进作用。

9.4.1 推进农业信息化

农业信息化在农业现代化方面发挥关键的作用，可以大幅提高农业生产效率，带动农村经济发展。农业信息化通过影响农产品的决策、生产、销售等过程，推动传统农业的现代化升级。首先，西部各级地方政府应规划好各地的农村信息网建设，要以中心大城市为核心，延伸辐射到周边中小城市和小城镇，进一步扩散到广大乡村地区，形成省、市、县、乡、村一体化的信息基础设施。同时，可以通过建立一个区域性的农业信息网络平台，促进区域大市场的形成。其次，引导农民通过互联网提高生产技能，增加作物产量，以减少不必要的资源浪费，优化农业生产资源的配置。通过网络查询农业生产的相关知识和书籍，学习种植、养殖等使用技术，进行科学合理的生产，提高农产品的市场竞争力。最后，鼓励农民通过网络了解最新的市场需求信息，帮助农民在更大的市场空间宣传销售自己的农产品，促使供需双方以极低的成本达成交易，提高西部农民的经营管理水平。

9.4.2 加强农业产业化

围绕核心产品的产业链竞争是现代农业企业间市场竞争的一个重要形式，产业化可以充分发挥规模经济效益，促进生产要素合理配置和专业化分工，从而提高经济的运行效率。因此，西部地区加强农业现代化可以使农业走上自我积累、良性循环的发展道路。首先，确立主导产业是实现农业化的前提和基础，西部各级地方政府应结合本地的资源优势，选择有市场发展潜力和政策扶持的产业作为农业产业化的主导产业，主导产业通过关联效应带动区域经济的全面发展。其次，合理确定农业产业的区域布局，各地要因地制宜，打造具有地方特色的产品和品牌，发挥品牌效应。通过发挥主导产业的带动作用，发挥资源优势，增加产品的科技含量，最终形成具有较强竞争力的农业产业化发展格局。最后，大力发展龙头企业推动区域农业的产业化，对于缺乏大型企业的地区可以将乡镇企业作为地方特色农业发展的龙头。以龙头企业为中心，带动广大农户形成具有地方特色的产业群，加快农工商一体化的发展，建立合理的企业、农户利益分配机制，有效提高农民的收入。

9.4.3 加快技术创新

对农产品进行深加工、提升农业产品的技术含量是提高产品附加值的重要手段。西部地区要发展现代化农业必须把技术创新放在核心位置，当地政府要为企业科技创新提供良好的环境和氛围，从政策、资金和人才等方面给予支持。第一，落实鼓励农业科技研发的税收优惠政策，对农业企业研发项目实施信贷优惠。增加农业项目的立项，引导高校、科研机构和企业联合攻关，设立专利技术和发明专利奖励资金。第二，加大财政对农业科技的投入力度，并按照一定的比例保证农业可统计投入每年稳步提升。引导民间资金对农业科技创新的投入，可以成立专门用于农业技术改进的科研基金项目，提高对农业科技研究的积极性。第三，要把人才培养放在关键位置，实施高端人才引进计划等为科技创新创造条件，鼓励企业与科研高校等研究机构开展联合培养的模式培养专业人才和骨干人员，注重引导优秀的大学毕业生到农业企业工作，并制定相应的政策优惠措施。

9.5 完善农村基础设施建设

我国“十三五”规划明确提出要“支持西部地区改善基础设施”和“健全农村基础设施投入长效机制”。基础设施条件是导致城乡收入差距的一个重要影响因素，西部地区应把财政资金更多地投向农村基础设施建设方面，为城乡统筹和城乡收入差距的缩小奠定良好的基础。

9.5.1 增加农村财政支出

自2004年以来，我国连续十三年的中央一号文件均是关于“三农”问题。我国非常注重农业领域的投资，虽然每年都有增加，但与历史最高水平相比，“三农”支出占国家总财政支出的比重依然较低，这与实现我国农业现代化所需的投入仍然存在很大的缺口。我国是人口大国，农业在国民经济中占据着基础地位，经济发展到目前阶段，西部地区应改变现有“重城轻乡”的倾向，因此，西部地区应进行多方面的财政投入调整。首先，加大投资力度。西部地区应将财政资金向农业、农村倾斜，提高农村地区的固定资产投资数量，保持财政支出在农业中的比重不断提高，以此增加农村地区的基础设施供给。其次，优化投资结构。由于西部地区农业长期生产力落后、科技含量较低，因此，西部地区的基础设施投入应注重有利于对农业先进技术的引进和推广的设施，改变现有的基础设施过于陈旧，无法跟上先进生产技术的需要的现状。最后，强化投资效应。应整合现有的财政支农资金和项目，改善西部地区过去基础设施投入渠道混乱、分类不合理的现象，科学设置对基础设施的投入项目。并完善财政投入的资金管理制度，促进财政投入的资金专款专用，提高支农资金的效率。

9.5.2 引进多元化投资主体

我国“十三五”规划明确提出要“创新公共基础设施的投融资体制”。西部地区应拓展农村基础设施投资的资金来源，引入民间资本作为政府投资的补充。由于基础设施投资需要巨额的资本投资，而政府财力往往有限，很难在短期内筹措巨额的资金投资到大量的农村基础设施建设之中，为加快筹资进度以利于农村基础设施建设进度提速，政府可以引入特许经营权等方式，引入其他社会资本投资西部农村基础设施建设。借助市场机制和竞争机制，改变农村基础设施这一公共物品的经济学属性，以私人产品形式生产这一特殊产品，从而有效地满足农村的需求，降低政府的财政压力。在农村基础设施建设中引入市场机制与竞争机制已经有很多成功的经验，发达国家的这些经验表明，这一方式能够为农村基础设施建设提供积极有效的帮助。第一，政府政策支持。政府在引进多元化投资主体的过程中应积极主动进行引导，实行开放的农业基础设施投资准入政策，建立收费补偿机制。对企业参与农村基础设施投资的项目实施税收优惠，提高项目的投资回报率，为基础设施多元化投资创造良好的政策环境。第二，拓宽民间投资方式。西部地区应引入民间资本参与农村基础设施投资，或者采取政府与私人共同投资的方式，现有基础设施投融资模式有：公私合作模式（PPP）、建设-经营-转移（BOT）、民间主动融资（PFI）等，西部各级地方政府可以根据自身条件和基础设施现有发展水平选择适当的投融资方式。第三，积极引进外资。由于西部地区与东南亚、南亚、西亚等多国接壤，与各国也有密切的经济交流。因此，西部地区在进行基础设施建设时，可以大力吸引外国资金注入。通过与国外的合资、借贷等方式加强国内的基础设施建设，促进投资主体的多元化。

9.5.3 加强信息基础设施建设

将大数据、物联网等信息技术与农业相结合，对传统农业进行升级改造，形成以农村电商为代表的新型“互联网+”农业商业模式，进而提升农业生产效率和增加农民收入水平。西部农村的信息闭塞，信息化发展落后不仅影响到农村居民收入的提高，也影响到整个西部社会经济的持续健康发展。考虑到当前西部农村信息技术落后的局面，一是当地政府应增加资金投入到农村基础设施建设之中，以财政资金保证信息基础设施的有效供给，大力推进“互联网+”技术在农村生活生产中的运用，推广三网融合，用信息化解决和改造“三农”问题。二是引导企业投资农村信息基础设施。完善农村信息基础设施需要政企结合，通过对在农村进行信息基础设施建设的企业进行税费优惠和补贴，降低企业的投入成本，提高企业的积极性。三是加强培训，引导电商专业人才和商家到西部农村开展培训，由政府提供相应的培训补贴，使更多的西部农民可以通过互联网学习种植、养殖技术，通过互联网拓宽农产品的销售渠道，使西部农民成为懂信息、学技术、会经营的新型职业农民。

9.6 提升农村人力资本

国内外经验表明，农村教育对于协调城乡经济社会的均衡发展起到基础性和长远性的作用，是缩小城乡发展差距的重要途径。西部农村的人力资本提升应以服务“三农”为方向，最大限度地提升农民职业素质，努力实现农业现代化；实现西部九年义务教育的全覆盖，尤其是要提高农村教学质量，办好农村教学；健全贫困生帮扶制度，全面提升农村居民人力资本。使西部城镇化的发展成果惠及农村地区，从根本上提升农民的自身发展能力，缩小城乡收入差距。

9.6.1 以服务“三农”为方向

西部地区发展农村教育要坚持以服务“三农”为发展方向，以满足就业要求为目标，创新教学和培训模式，制定符合农民需求的教学管理制度。具体说来，首先，要把职业教育、培训与“三农”经济的发展特征结合起来，紧紧围绕农业经济结构转型对农民提出的新要求开展教育培训。根据当地乡镇和农村的经济发展方向，确定农民培训的内容，突出新品种、新技术的实践教学，提升农民适应市场经济的能力。其次，根据农民不同的学习需求，实行多样化的职业教育培训模式，坚持职业教育、普通教育与成人教育相结合，整合各种教育资源来提升教学质量。组织技术人员与农民面对面交流，带领农民到实验田地学习观摩，安排观看先进种植和饲养技术的教学视频等多样化的灵活的培训方式。最后，实行弹性的教学和教育管理制度，为农民群体提供多种职业培训方式供其根据自身具体情况来选择，比如学工交替、在职教育、职前培训和职后培训等，从而更好地满足农民的实际需求。

9.6.2 加强九年义务教育

九年义务教育是农村地区提高人口素质、积累人力资本的基础，也是西部农村未来可持续发展的关键力量。西部地区各级地方政府应制定九年义务教育普及率在未来几年所需达到的目标，力争到2020年实现100%的普及率，并力图将将义务教育从九年拓展到十二年，为西部地区的农村人口素质的提高积蓄更多的力量。第一，强化各级政府对义务教育投入的责任，突出农村义务教育管理体制中县级政府的中心领导地位作用，各县政府要对本地教育发展规划、经费安排使用、校长和教师等人事方面的统筹管理负责。第二，要加大对于贫困地区的义务教育经费支持，注重对农村教室、校舍的建设、维修和改造，以保障农村义务教育工作的顺利开展，并增加贫困地区农村教师的收入水平。第三，给予少数民族地区义务教育资金和政策上的帮扶。鼓励大学生毕业后参加对少数民族的支教服务，引导具有较高教学水平的城镇学科骨干和学科带头老师利用假期到民族地区支教，提高民族地区的教学质量，缩小民族地区与发达地区的教育差距。

9.6.3 健全贫困生帮扶制度

西部地区人口素质较差的一个重要原因是家庭经济困难学生上学难。不能让一个孩子因家庭经济困难而上不起学应该是我国义务教育所要实现的基本目标，为此要采取贫困生帮扶措施，以保障适龄儿童充分享受义务教育的权利。西部地区总体经济欠发达，贫困生人数相对较多，一是当地政府可通过设立助学金、专项资金等方式帮助家庭经济困难的学生上学，同时可以考虑免除经济困难学生的学杂费，并对其提供生活补助。二是要健全贫困生精准扶贫制度。西部地区各级地方政府应进一步加强落实帮扶制度，不让一个孩子因贫困而失学，并做到精准识别、精准帮扶，做到每一个贫困学生都有一个帮扶责任人，切实保障每一名贫困学生都能安心就学。三是应鼓励社会各界开展助学公益活动，动员社会组织向贫困学生捐献物资，并制定配套的税收优惠政策。加大“希望工程”等助学公益活动的宣传力度，对在贫困生助学方面做出突出贡献的单位和个人进行表彰，形成扶贫助学的社会风气。在加强农民的职业培训、普及九年义务教育和健全贫困生帮扶制度外，西部地区还应加强农村的医疗卫生条件，不断增进健康资本存量。

9.7 加快民族地区、贫困地区发展

我国“十三五”规划明确提出，要支持“民族地区、贫困地区的发展”。由于西部民族地区和贫困地区具有高度的重叠性，西部民族地区也是西部社会经济发展的落后地区，加快这些地区的脱贫攻坚、产业体系发展和扩大对外开放，对于西部地区新型城镇化的推进和缩小城乡收入差距具有重要的意义，也是实现社会安定、边疆稳固、民族团结的重要基础。

9.7.1 推动脱贫攻坚工程

由于西部民族地区、贫困地区往往是经济基础薄弱、环境条件恶劣、自然灾害频发、教育水平低下的区域，这些地区生产方式落后、生活条件艰苦，贫困人口分布广泛，自我发展能力严重不足，已经成为社会稳定、民族团结的重大隐患。民族地区和贫困地区的各级地方政府应根据当地独特的自然地理环境和民族文化特点明确自身发展功能定位，调整资源开发体制，重视人力资本的积累，改善公共服务体系，提升自身的发展能力。通过加强教育资金的财政投入、普及九年义务教育、重视职业培训，提高这些地区的贫困人口素质；通过规划发展地方特色的旅游业、种植业、农产品加工业、中医药业等带动这些地区的经济发展；通过发展西部特色的小额信贷促进贫困人口的自我就业，以小额、低息、连续的贷款服务促进他们的生产经营活动；通过移民搬迁方式治理生存环境极其恶劣、自然灾害频发、交通极不方便的地区的脱贫工程，鼓励他们向周围小城镇搬迁。搬迁初期，政府应对其进行生产、生活上的补贴救

助，满足其基本的生存能力。民族地区、贫困地区的脱贫攻坚工程有利于民族团结和区域协调发展，也对西部缩小城乡收入差距具有重要的意义。

9.7.2 促进产业体系发展

西部民族地区、贫困地区由于长期经济发展落后，在加强特色资源开发的基础上，应着重提高产业发展水平，优化产业结构，促进特色产业对经济发展的支撑作用。通过科学规划、合理布局，依托特色产业的规模经济效应，带动民族地区和贫困地区的区域发展和居民收入增加。对于民族文化资源丰富的地区，应围绕独特的人文景观和历史古迹，以市场为导向，加强基础设施建设，深度开发具有民族特色的旅游资源。加快对民族手工业产业的技术升级，提升工艺产品的生产设计水平，扩大市场份额，使民族手工业成为民族地区贫困人口创收的重要途径。对于中医药业较发达的民族地区，如西藏、内蒙古等地区，政府应加大医药产业的扶持力度，将人工培植与天然生产的中医药材相结合，将传统的中医文化与现代科技相结合，形成研发、生产、加工、销售一体化的医药产业链，通过中医产业的发展带动民族地区的经济发展。由于西部大多贫困地区不具有发展高新技术产业和现代服务业的基础，对于产业结构落后的现状，各级地方政府应注意选择在农业基础较好的地区建立现代农业生产基地，通过先进的科学技术，提高农产品的产量和质量，通过现代农业的发展带动贫困地区的农村居民增收，缩小城乡收入差距。

9.7.3 扩大对外开放

由于西部民族地区和贫困地区的发展是西部经济发展不可或缺的重要组成部分，他们的脱贫致富也影响着社会稳定和民族团结，因此，各级地方政府应高度重视这些区域的发展。在“一带一路”倡议背景下，西部民族地区和贫困地区各级地方政府应加强基础设施建设，全方位扩大对外开放的层次、范围和力度，在知识经济和经济全球化发展的今天，明确自身的功能定位，以市场经济为主导，通过对外开放加快改革的步伐，使西部民族地区和贫困地区的发展适应当今时代的要求。在思想观念上，应由过去保守封闭的意识转向接受现代文明和科学进步，实现高层次大跨度的开放，启动开放的内在活力；在开放战略上，应由局部开放转向商品、资本、劳动力市场的全方位开放，充分发挥市场机制在资源配置中的调节作用，提高生产的效率；在开放形态上要由过去资源和劳动力输出为主的形式转向资本、劳动力、技术双向流动，输出区域内优势资源的同时，引进先进生产技术，提升区域的自我发展能力；在产业发展上，应由过去分散、无序的发展方式向合理规划布局、加强政府产业引导的方式转变，发展特色产业带动区域经济发展。通过扩大民族地区和贫困地区的对外开放，促进区域资源要素的优化配置，带动当地居民的收入增长。

9.8 本章小结

西部地区作为“一带一路”倡议的重要参与者和主要受益者，应充分利用好国家对西部的支持政策，制定适合西部发展的战略途径。本章笔者提出的西部地区推进新型城镇化与缩小城乡收入差距的战略途径主要有：第一，加强特色资源开发，包括特色矿产资源、特色清洁能源和特色旅游资源开发；第二，促进特色产业发展，包括特色农业、特色工业和特色服务业；第三，构建特色城镇化发展体系，包括着力构建大城市、积极培育中小城市和重点发展小城镇；第四，推进农业现代化，包括推进农业信息化、加强农业产业化和加快技术创新；第五，完善农村基础设施建设，包括增加农村财政支出、引进多元化投资主体和加强信息基础设施建设；第六，提升农村人力资本，包括以服务“三农”为方向、加强九年义务教育和健全贫困生帮扶制度；第七，加快民族地区、贫困地区发展，包括推动脱贫攻坚工程、促进产业体系发展和扩大对外开放。这些战略途径有助于促进西部地区新型城镇化健康可持续发展，有效缩小城乡收入差距。

10　主要结论与研究展望

本研究以“中国西部城镇化与城乡收入差距的关系研究”为选题，以国外城镇化与缩小城乡收入差距的理论与文献为基础，以西部地区城镇化与城乡收入差距的走势与问题为主线，以二者的关系为核心，以推进西部地区新型城镇化、缩小城乡收入分配差距为目标，通过理论模型和实证的分析，得出两者的关系并进一步提出政策建议。

10.1　主要结论

笔者通过对国内外文献的大量阅读，收集西部地区城镇化与城乡收入差距的数据并进行实地调研，然后在国内外推进城镇化与缩小城乡收入差距已有的经验、启示的基础上，分析了两者在西部地区的走势与问题，并对城镇化影响城乡收入差距的机理进行分析，运用西部 12 个省份 1995—2016 年的数据，经由系统化的理论探讨、全面性的数据分析和逐层深入的实证检验，得出如下主要结论：

第一，国外的城镇化进程也经历了城镇与乡村收入差距扩大的阶段，最终他们实现了较高质量的城镇化和较低的城乡收入差距并存的目标。国外的城镇化推进给我们提供的经验有：

一是城镇化推进要以工业发展和产业集聚为支撑；二是政府应制定和完善公共干预政策；三是应建立合理的城镇体系。美国、日本、韩国等发达国家在城镇化进程中积累了丰富的缩小城乡收入差距的经验，发达国家在缩小城乡收入差距的政策导向均是以维护农民利益、维持城乡收入平衡为出发点，具体的措施包括加大财政对农业的支持力度，尤其是对农村基础建设的投入，提升人力资本、建设服务型政府，以及对农产品价格的支持和直接补贴等，为缩小西部城乡居民收入差距提供了重要的经验与启示。

第二，改革开放后，西部地区城镇化发展有所加快，然而增长速度长期落后于全国平均水平。西部大开发战略实施后，西部城镇化速度有所提升，城镇面貌有了巨大变化，也带动了经济社会的全面发展。西部地区城镇化从数量上有了较大提升，但城镇化质量仍亟待提高，西部城镇仍存在着制度安排缺陷、城镇结构体系失衡、特色资源开发不足、产业发展落后、农民工市民化进程缓慢等发展问题。在国家“一带一路”倡议背景下，西部地区如何把握机遇，推进西部新型城镇化又好又快发展成为摆在西部各级地方政府面前的重要课题。

第三，1995 年以来，国家实施了一系列支持西部地区经济发展的优惠政策，这些政策使得西部的经济社会取得了突飞猛进的发展。西部城乡收入差距也受到了较大影响，西部城乡收入差距总体上经历了由震荡攀升到缓慢下降的走势。西部大开发战略实施初期，政策原因造成了城乡二元结构矛盾愈加突出，使得城乡经济发展极不平衡，城乡收入差距迅速扩大。2010 年是西部大开发实施以来的第二个十年，国家在这个关键的时期实施了战略转型，更注重城乡经济的协调发展，近年来，更加强调城镇对乡村的带动作用，城乡互动明显，城乡收入差距开始逐步缩小。但西部城乡收入差距的缩小仍面临着国家战略层面问题、财政转移支付力度较弱、农村人力资本水平低下、农业发展缓慢、民族地区与贫困地区发展封闭等问题。

第四，农业、工业和服务业作为三种最基本的因素推动了城镇化的发展。而城镇化从促进农业现代化、刺激工业品的需求、促进服务业壮大和带动区域经济发展四个途径推动经济增长。通过建立数学模型，笔者发现区域内部和跨区域的农村人口向城镇流动均有助于城乡收入差距的缩小。城镇化从四个方面影响城乡收入差距：一是创造就业机会，提高农民的收入；二是促进农业的规模化和产业化，增加农村居民的收入；三是促进乡镇企业发展，为农民增收提供源源不断的动力；四是有助于推动农民工市民化，产生的循环累积效应反过来推动城镇化发展。

第五，本书通过分析西部地区 12 个省份 1995—2016 年的数据对库兹涅茨倒 U 型曲线进行验证，发现西部收入差距与人均 GDP 拟合曲线在数学意义上具有库兹涅茨曲线的特征，表现出二次函数的先上升后下降的趋势。虽然西部各省份的拐点不尽相同，但目前而言，西部各省份均已经进入库兹涅茨倒 U 型曲线的拐点之后的收入差距下降趋势阶段。

第六，通过运用西部地区 1995—2016 年的面板数据对城镇化与城乡收入差距进行实证检验，笔者发现西部地区城镇化推进对城乡收入具有负向作用，即推进西部新型城镇化进程可以有效缩小城乡收入差距。同时，西部大开发其他政策的转变对城乡收入差距也有着重要的影响，提高居民消费水平也有利于缩小西部城乡收入差距。

第七，为了推进西部新型城镇化与缩小城乡收入差距，我们必须从西部现实情况出发，遵循其客观发展规律，探索具有西部特色的发展道路，推进西部地区经济实力和人民生活水平迈上新台阶。西部地区新型城镇化推进应以调整战略转型为先导，以构建多中心—外围的城镇体系为基础，以加强小城镇建设为载体，以工业反哺农业和农业现代化为依托，以健全的立法和完善的制度为保障，以城乡统筹和进一步缩小城乡收入差距为目标，着力调整城乡收入分配格局。从城镇、乡村、城乡统筹和缩小城乡收入差距四个方面加强制度安排，我们可以通过加强特色资源开发、促进特色产业发展、构建特色城镇化体系、推进农业现代化和加快民族地区与贫困地区发展等战略途径推进西部新型城镇化建设，缩小城乡收入差距。

10.2 研究展望

本研究中，作者试图在前人的研究基础上，对城镇化与城乡收入差距关系的理论与实证方面进行一定的拓展，但由于自身能力及客观条件的限制，本书仍存在许多问题有待未来继续探索：

第一，本书在研究西部地区城镇化与城乡收入差距的关系时偏宏观。城镇化和城乡收入差距涉及经济社会的方方面面，本书未能对每一个涉及的方面都进行深入的研究，只做了宏观的表述。因此，后续的研究可以从本书未考虑到的其他方面入手，进行详细、深入的研究，丰富影响两者关系的其他因素。

第二，西部地区是一个范围较广的地区，包含 12 个省份，在社会、经济、资源和城镇化发展基础上都存在着较大的差异。由于本书在进行西部地区城镇化与城乡收入差距的趋势研究和实证分析时，侧重于整个西部地区的整体走势和影响因素，因而未能对各个省份作逐一的分析，导致分析的广度与深度不够全面。未来可以对每个省份的走势特点、影响因素进行细致分析，这也是未来进一步研究的重要方向。

第三，本书在分析西部地区城镇化与城乡收入差距的关系时，对西部民族地区、贫困地区及老少边穷地区的特殊性仅作了简要的分析和概括，未能进行深入探讨，对推进西部新型城镇化和缩小城乡收入差距的复杂性、困难性及艰巨性的探讨深度仍然不足，这可以作为未来的另一研究方向进行深入探讨。

参考文献

[1] Aitchison, J. A. C. Brown. The Lognormal Distribution [M]. Cambridge: Cambridge Press, 1957.

[2] Anand, S. M. R. Kanbur. The Kuznets Process and the Inequality-Development Relationship [J]. Journal of Development E-conomics, 1993 (40): 25-52.

[3] Angus Deaton. Price Indexes Inequality and the Measure-ment of World Poverty [J]. American Economic Review, 2010 (6): 1-60.

[4] Ahluwalia M. Income Distribution and Development: Some Stylized Facts [J]. America Economic Review, 1976, 66 (2): 128-135.

[5] Altonji J, D. Card, The Effects of Immigration on the Labor Market Outcomes of Less-skilled Natives in Immigration Trade and the Labor Market [M]. University of Chicago Press, 1991.

[6] Becker Gary S. Investments in Human Capital: A Theoreti-cal Analysis [J]. Journal of Political Economy, 1962 (8): 9-49.

[7] Becker Gary S. Crime and Punishment: An Economic Ap-proach [J]. Journal of Political Economy, 1968, 76 (2): 169-217.

[8] Brush Jesse. Does Income Inequality Lead to More Crime?

A Comparison of Cross—sectional and Time-series Analyses of United States CoTinties [J]. Economics Letters, 2007 (6): 264-268.

[9] Boijas G. The Labor Demand Curve is Downward Sloping: Reexamining the Impact of Immigration on the Labor Market [J]. The Quarterly Journal of Economics, 2003(8): 1335-1378.

[10] Boijas G, R Freeman, L. Katz. Searching for the Effect of Immigration on the Labor Market [J]. American Economic Re view, 1996 (86): 246-251.

[11] Card D. The Impact of the Mariel Boatlift ON the Miami Labor Market [J]. Industrial and Labour Relations Review, 1990 (43): 245-257.

[12] Card D. Immigrant Inflows Native Outflows and the Local Market Impacts of Higer Immigration [J]. Journal of Labor Economics, 2001, 19 (1): 22-64.

[13] Chen, Aimin. Urbanization and Disparities in China: Challenges of Growth and Development [J]. China Economic Review, 2002 (6): 407-411.

[14] Clarke. More Evidence on Income Distribution and Growth [J]. Journal of Development Economics, 1993 (47): 403-427.

[15] Chang G. The Cause and Cure of China's Widening Income Disparity [J]. China Economic Review, 2002, 13 (4): 335-340.

[16] Chen B L. an Inverted-U Relationship between Inequality and Long-run Growth [J]. Economics Letters, 2003, 78 (2): 205-212.

[17] Deininger, L. Squire. New Ways of Looking at Old Issues: Inequality and Growth Development of the Labor Surplus Economy: Theory and Policy [J]. Journal of Development Economics, 1998

(57)：259-287.

[18] EdlundLena, Li Hongbing, Yi Junjian, et al. Sex Ratios and Crime: Evidence from China´s One-Child Policy [R]. IZA Working paper, 2007.

[19] Evertt S. Lee. A theory of migration [J]. Demography, 1996 (6): 47-57.

[20] Fajnzylber Pablo, Daniel Lederman, Norman Loayza. What Causes ViolentCrime? [J]. European Economic Review, 2002 (46): 1323-1357.

[21] Feiand G. Ranis. Development of the Labor Surplus Economy: Theory and Policy [M]. Homewood, 1964.

[22] Fields. Employment Income Distribution and Economic Growth in seven small Open Economies [J]. EconomicJournal, 1984 (94): 303-330.

[23] Fortin N, Lemieux T, Firpo S. Decomposition methods in economics [J]. Handbook of LaborEconomics, 2011 (4): 1-102.

[24] Forbes K. A. Reassessment of the Relationship between Inequality and Growth [J]. American Economic Review, 2000, 90 (4): 869-887.

[25] Galor. Income Distribution and the Process of Development [J]. European Economic Review, 2000, 44 (6): 706-712.

[26] Garcia Pealosa Cand. Turnovsky Growth and Income Inequality: A Canonical Model [J]. Economic Theory, 2006, 28 (1): 25-49.

[27] Glomm G., B. Ravikumar. Increasing Returns Human Capital and the Kuznets Curve [J]. Journal of Development Economics, 1998, 55 (2): 353-367.

[28] Gustafsson B., S. Li. Income Inequality within and across

Counties in Rural China 1988 and 1995 [J]. Journal of Development Economics, 2001, 22 (1): 179-204.

[29] Gustafsson B., S. Li. The Anatomy of Rising Earnings Inequality in Urban China [J]. Journal of Comparative Economics, 2002, 29 (1): 118-135.

[30] Harris J. R., Michael P. Todaro. Migration unemployment and development Atwo-sector analysis [J]. American Economic Review, 1970 (7): 126-142.

[31] Hussain, Arthur, Peter Lanjouw, et al. Income Inequalities in China: Evidence from Household Survey Data [J]. World Development, 1994, 22 (12): 47-57.

[32] Hussain A P. Lanjouw and N. Stera. Income Inequalities in China: Evidence from House-hold Survey Data [J]. World Development, 1994, (12): 1947-1957.

[33] Joigenson D. W.. the Development of a Dual Economy [J]. Economic Journal, 1961 (12): 309-334.

[34] Jacob Mincer. Investment in Human Capital and Personal Income Distribution [J]. The Journal of Political Economy, 1958 (8): 1-8.

[35] Jacob Mincer. The Distribution of Labour Incomes: A Surveywith Special Reference to the Human Captial Approach [J]. Journal of Economic Literature, 1970 (3): 1-26.

[36] Dickens, William Tand, Kevin Lang. A test of dual labor market theory [J]. American Economic Review, 1985 (3): 792-805.

[37] KoenkerR. Bassett Jr G Regression quantiles [J]. Econometrica: journal of the Econometric Society, 1978 (8): 33-50.

[38] Kanbur, Ravi, Xiaobo Zhang. Which Regional Inequali-

ty? The Evolution of Rural-Urban and Inland-Coastal Inequality in China from 1983 to 1995 [J]. Journal of Comparative Economics, 1999 (5): 79-91.

[39] Khan, AzizurR, Carl Riskin. Income Inequality in China: Composition Distribution and Growth of flousehold Income 1988—1995 [J]. China Quarterlyjune, 1998 (7) : 221-253.

[40] Khan A., K. Griffin, C. Riskin, et al. Household Income and Its Distribution in China [J]. China Quarterly, 1992 (1): 1029-1061.

[41] Knight J. and L. Yueh. Segmentation or Competition in China's Urban Labour Market? [J]. Cambridge Journal of Economics, 2008 (7): 79-94.

[42] Lewis. W. A.. Economic Development with Unlimited Supplies of Labour. Manchester [J]. School of Economic and Social Studies, 1954 (8): 139-191.

[43] Morduch Jonathan, Sicular, Terry. Rethinking Inequality Decomposition with Evidence from Rural China [J]. Economic Journal, 2002 (12): 93-106.

[44] Meng X., J. Zhang. The Two-tier Labor Market in Urban China: Occupational Segregation and Wage Differentials between Urban Residents and Rural Migrants in Shanghai [J]. Journal of Comparative Economics, 2001, 29 (3): 485-504.

[45] Oaxaca R. Male-female Wage Differentials in Urban Labor Markets [J]. International Economic Review, 1973, 3 (14): 693-709.

[46] Peri G. Immigrants' Complementarities and Native Wages: Evidence from California [R]. NBER Working Paper, 2007.

[47] Polanyi Karl. The Great Transformation the Political and

Economic Origins of Our Time. [M]. Boston: Beacon Press, 1957.

[48] Raymond J K.. A Nation of Immigrants an Economyof Immigrants, [M]. Washington D. C.: SBSC Policy Publications, 2001.

[49] Roodmans David. How to do xtabond 2: An Introduction to Difference and System GMM in Stata [R]. Washington, Center for-Global Development Working Paper, 2006.

[50] Ravi Kanbur. Income distribution and development [R]. working paper, 1998.

[51] Samuelson Paul A. Economics [M]. New York: McGraw-Hill. 1964.

[52] ShermanRobinson . A Note on the U Hypothesis Relating Income Inequality and Economic [J]. The American Economic Review, 1976 (6): 437-440.

[53] Simon Kuznets. Economic Growth and Income Inequality [J]. The American Economic Review, 1955 (3): 1-28.

[54] Sudhir Anand, S. M. R. Kanbur. The Kuznets process and the inequality-development relationship [J]. Journal of Development Economics, 1993 (5): 25-52.

[55] Shorrocks A. F. Inequality Decomposition by Factor Components [J]. Econometrica, 1982 (1): 193-211.

[56] Shorrocks A. R. Decomposition procedures for distributional analysis: a unified framework based on the Shapley value [J]. The Journal of Economic Inequality, 2013, 3 (11): 99-126.

[57] Theodore W. Schult. Reflections on Investment in Man [J]. The Journal of Political Economy, 1962 (10): 1-8.

[58] Todaro MP. A model of labor migration and urban unemployment in less-developed countries [J]. American Economic Re-

view，1969（1）：138-148.

[59] Todaro MP，Maruszko L. Illegal migration and US immigration reform：A conceptual framework [J]. Population and development review，1987（3）：101-114.

[60] Todaro. Economic development in the third word [M]. New York：New York Longman inc. 1985.

[61] Wan G. Accounting for Income Inequality in Rural China：A Regression Based Approach [J]. Journal of Comparative Economics，2004（32）：348-363.

[62] World Bank，World Development Report 2000/2001 Attacking poverty [M]. Washingtong，D. C.：the World Bank publication，2000.

[63] World Bank，A Better Investment Climate for Everyone：World Development Reportthe World Bank publication [M]. Oxford University Press. 2005.

[64] World Institute for Development Economics Research of the United Nations University [R]. World Income Inequality Database，WIDER website accessed Dec. 2004.

[65] William T. Dichens，Kevin Lang. The reemergence of segmented Labour Market Theory [J]. The American Economic Review，1988（2）：129-134.

[66] Zhao Y. Labor Migration and Earnings Differences：The Case of China [J]. Economic Develop-ment and Cultural Change，1999，47（4）：767-782.

[67] 阿尔佛雷德·韦伯. 工业区位论 [M]. 北京：商务印书馆，2010.

[68] 白南生，何宇鹏. 回乡还是外出：安徽四川二省农村外出劳动力回流研究 [J]. 社会学研究，2002（3）：64-78.

［69］白雪梅，王少瑾．对我国收入不平等与社会安定关系的审视［J］．财经问题研究，2007（7）：16-23.

［70］毕琳．我国城市化发展研究［D］．哈尔滨：哈尔滨工程大学，2005.

［71］毕先萍．劳动力流动对中国地区经济增长的影响研究［J］．经济评论．2009（1）：48-53.

［72］蔡昉．劳动力迁移的两个过程及其制度障碍［J］．社会学研究，2001（4）：44-51.

［73］蔡昉，都阳，高文书．就业弹性、自然失业和宏观经济政策［J］．经济研究，2004（9）：18-25.

［74］蔡昉，都阳，王美艳．劳动力流动的政治经济学［M］．上海：上海三联出版社，2003.

［75］蔡昉，王美艳．非正规就业与劳动力市场发育——解读中国城镇就业增长［J］．经济学动态，2004（2）：24-28.

［76］蔡昉．人口迁移和流动的成因、趋势与政策［J］．中国人口科学，1995（6）：8-16.

［77］蔡昉．中国城市限制外地民工就业的政治经济学分析［J］．中国人口科学，2000（4）：1-10.

［78］曾国安，胡晶晶．论20世纪70年代末以来中国城乡居民收入差距的变化及其对城乡居民消费水平的影响［J］．经济评论，2008（1）：45-54.

［79］陈斌开，许伟．所有制结构变迁与中国城镇居民劳动收入差距演变［J］．南方经济，2009（3）：9-20.

［80］陈斌开，杨依山，许伟．中国城镇居民劳动收入差距演变及其原因［J］．经济研究，2009（12）：30-42.

［81］陈春良，易君健．收入差距与刑事犯罪：基于中国省级面板数据的经验研究［J］．世界经济，2009（1）：13-25.

［82］陈彤．城市化理论、实践与政策［M］．西安：西北工

业大学出版社，1993.

[83] 陈钊，陆铭，佐藤宏. 谁进入了高收入行业？——关系、户籍与生产率的作用 [J]. 经济研究，2009 (10)：121-132.

[84] 陈钊，万广华，陆铭. 行业间不平等：日益重要的城镇收入差距成因 [J]. 中国社会科学，2010 (3)：65-76.

[85] 陈宗胜，马草原. 城镇居民收入差别“阶梯型”变动的理论解释与实证检验 [J]. 财经研究，2012 (6)：4-16.

[86] 陈宗胜，周云波. 再论改革与发展中的收入分配 [M]. 北京：经济科学出版社，2002.

[87] 陈宗胜. 倒 U 曲线的“阶梯形”变异 [J]. 经济研究，1994 (5)：55-61.

[88] 陈宗胜. 经济发展中的收入分配 [M]. 上海：上海三联出版社，1995.

[89] 陈宗胜. 中国居民收入分配差别的深入研究 [J]. 经济研究，2000 (7)：68-71.

[90] 谌汉章. 教育投资与城乡收入差距 [D]. 成都：西南财经大学，2014.

[91] 程开明. 城市化与经济增长的互动机制及理论模型述评 [J]. 经济评论，2007 (4)：114-152.

[92] 崔功豪，王本炎，查彦育. 城市地理学 [M]. 南京：江苏教育出版社，1992.

[93] 丁守海. 概念辨析：城市化、城镇化与新型城镇化 [N]. 中国社会科学报，2014-05-30.

[94] 杜浩然. 中国家庭收入的区域差异研究：1997—2006，基于分位数回归及反事实分析 [J]. 北京大学研究生学志，2012 (1)：47-61.

[95] 段景辉，陈建宝. 我国城乡家庭收入差异影响因素的

分位数回归解析［J］. 经济学家，2009（9）：46-53.

［96］费舒澜. 中国城乡收入差距的度量改进及分解研究［D］. 杭州：浙江大学，2014.

［97］高飞. 基于缩小城乡收入差距目标下我国农业转移人口市民化政策研究［D］. 大连：东北财经大学，2014.

［98］高玲芬. 浙江省城乡收入差距统计研究［D］. 杭州：浙江工商大学，2008.

［99］广德福. 中国新型城镇化之路［M］. 北京：人民日报出版社，2014.

［100］郭剑川. 中国城乡居民收入差距问题研究［D］. 北京：首都经济贸易大学，2007.

［101］郭濂. 中国新型城镇化的路径选择与金融支持［M］. 北京：中国金融出版社，2014.

［102］郭梦慧. 中国城乡收入差距研究［D］. 长春：吉林大学，2014.

［103］郭璇. 基于 PVAR 模型的我国城镇化与城乡收入差距关系研究［D］. 大连：东北财经大学，2013.

［104］国家计委综合司课题组. 90 年代我国宏观收入分配的实证研究［J］. 经济研究，1999（11）：3-12.

［105］韩立岩，杜春越. 收入差距、借贷水平与居民消费的地区及城乡差异［J］. 经济研究，2012（1）：15-27.

［106］何晓斌，夏凡. 中国体制转型与城镇居民家庭财富分配差距：一个资产转换的视角［J］. 经济研究，2012（2）：28-40.

［107］何治力. 我国城乡居民收入差距与失业率关系的研究［D］. 成都：西南财经大学，2013.

［108］何志扬. 城市化道路的国际比较研究［D］. 武汉：武汉大学，2009.

［109］胡鞍钢，赵黎．我国转型期城镇非正规就业与非正规经济（1990—2004）［J］．清华大学学报（哲学社会科学版），2006（3）：111-119．

［110］胡日东，钱明辉，郑永冰．中国城乡收入差距对城乡居民消费结构的影响［J］．财经研究，2014（5）：75-87．

［111］胡志军，刘宗明，龚志民．中国总体收入基尼系数的估计：1985—2008［J］．经济学（季刊），2011（7）：1424-1436．

［112］胡祖光．基尼系数理论最佳值及其简易计算公式研究［J］．经济研究，2004（9）：60-69．

［113］黄坤，董礼．国外缩小城乡居民收入差距的经验及启示［J］．现代经济信息，2012（2）：297-298．

［114］江小涓，李辉．我国地区之间实际收入差距小于名义收入差距［J］．经济研究，2005（9）：11-65．

［115］金纬．二元经济结构对我国城乡收入差距的影响研究［D］．湘潭：湘潭大学，2013．

［116］克里斯·泰勒．德国南部的中心地［M］．北京：商务印书馆，2010．

［117］孔业亮．中国城镇化进程中城镇居民收入差距问题研究［D］．天津：南开大学，2013．

［118］赖德胜．教育、劳动力市场与收入分配［M］．北京：中国财政经济出版社，1999．

［119］李晖，陈锡康．消费、投资、出口占 GDP 比重变化对我国城乡居民收入及收入差距的影响［J］．中国人口·资源与环境，2014（3）：151-154．

［120］李建民，任关华．人力资本通论［M］．上海：上海三联出版社，1999．

［121］李江涛，张杨勋，罗连化．市场化、城镇化与城乡

收入差距——基于空间动态面板模型的实证分析［J］. 经济数学，2013（1）：89-95.

［122］李实，邓曲恒. 中国城镇失业和非正规再就业的经验研究［J］. 中国人口科学，2003（4）：2-10.

［123］李实，丁赛. 中国城镇教育收益率的长期变动趋势［J］. 中国社会科学，2003（6）：58-76.

［124］李实，罗楚亮. 中国城乡收入差距的重新估计［J］. 北京大学学报，2007（2）：111-120.

［125］李实，史泰丽，别雍·古斯塔夫森. 中国居民收入分配研究 III［M］. 北京：北京师范大学出版社，2008.

［126］李实，宋锦. 中国城镇就业收入差距的扩大及其原因［J］. 经济学动态，2010（10）：4-10.

［127］李实，魏众，丁赛. 中国居民财产分布不均等及其原因的经验分析［J］. 经济研究，2005（6）：16-22.

［128］李实，岳希明. 中国城乡收入差距调查［J］. 乡镇论坛，2004（4）：21-22.

［129］李实，赵人伟，张平. 中国经济改革过程中的收入分配变动［M］. 北京：中国财政经济出版社，1999.

［130］李实，赵人伟. 中国居民收入分配再研究［J］. 经济研究，1999（4）：3-17.

［131］李实. 收入差距扩大对社会经济发展的影响［J］. 党政干部文摘，2006（11）：20-21.

［132］李实. 中国农村劳动力流动与收入增长和分配［J］. 中国社会科学，1999（4）：16-33.

［133］李爽. 实现公平分配的制度与政策选择［M］. 北京：经济科学出版社，2007.

［134］李文娟. 我国农产品价格支持政策研究［D］. 重庆：西南政法大学，2013.

[135] 李晓曼. 我国西部城市化发展历史进程研究 [J]. 改革与战略, 2011 (3): 128-131.

[136] 李雄军, 曹飞. 中国城乡居民消费差距与收入差距的误差修正模型研究 [J]. 统计与信息论坛, 2013 (8): 64-68.

[137] 李芝倩. 中国农村劳动力流动与经济增长效应的实证检验 [J]. 统计与决策, 2010 (7): 78-81.

[138] 廖显浪. 制度转型、经济发展与中国城乡收入差距研究 [D]. 武汉: 华中科技大学, 2012.

[139] 林瑶瑶, 李亮. 城镇化、城乡二元结构对城乡收入差距影响分析 [J]. 现代商贸工业, 2013 (7): 55-57.

[140] 林毅夫, 李周. 中国的奇迹: 发展战略与经济改革 [M]. 上海: 上海人民出版社, 1999.

[141] 林毅夫, 刘明兴. 中国的经济增长收敛与收入分配 [J]. 世界经济, 2003 (8): 3-14.

[142] 刘厚莲. 人口城镇化、城乡收入差距与居民消费需求 [J]. 人口与经济, 2013 (6): 63-70.

[143] 刘慧玲. 中国西部地区工业化发展问题研究 [D]. 成都: 西南财经大学, 2005.

[144] 刘嘉汉. 统筹城乡背景下的新型城市化发展研究 [D]. 成都: 西南财经大学, 2011.

[145] 刘学军, 赵耀辉. 劳动力流动对城市穷动力市场的影响 [J]. 经济学季刊, 2009 (1): 693-710.

[146] 刘璋. 我国城镇化与城乡收入差距问题研究 [D]. 石家庄: 河北经贸大学, 2014.

[147] 陆铭, 陈钊. 城市化、城市倾向的经济政策与城乡收入差距 [J]. 经济研究, 2004 (6): 50-58.

[148] 罗楚亮. 城镇居民教育收益率及其分布特征 [J]. 经

济研究，2007（7）：119-130.

［149］马少晔. 基于劳动力流动视角的城乡收入差距及影响因素再检验［D］. 南京：南京农业大学，2011.

［150］孟昕. 中国经济改革与职工工资差距［M］. 北京：中国财政经济出版社，2001.

［151］牧丹. 我国西部地区城镇化问题研究［D］. 长春：东北师范大学，2014.

［152］奈特，宋丽娜，夏青杰. 中国裁员的决定因素和后果［M］. 北京：中国财政经济出版社，1999.

［153］奈特，宋丽娜. 中国的经济增长、经济改革和收入差距的扩大［M］. 北京：中国财政经济出版社，1999.

［154］宁德业. 中国现阶段收入分配公平问题研究［M］. 长沙：湖南大学出版社，2008.

［155］彭真善. 中国转型期城乡收入差距问题研究［D］. 武汉：华中科技大学，2007.

［156］蒲艳萍，李霞. 劳动力流动对农村经济的影响效应——基于对四川省调查数据的分析［J］. 人口与经济，2011（1）：43-49.

［157］蒲艳萍. 劳动力流动对缓解家庭贫困的影响效应——以西部为例［J］. 内蒙古社会科学，2011（1）：39-45.

［158］任太增. 城市偏向制度下的城乡收入差距研究［D］. 武汉：华中科技大学，2008.

［159］邵传林. 西部大开发战略对城乡收入差距的影响评估［J］. 经济问题研究，2014（8）：26-33.

［160］沈坤荣，余吉祥. 农村劳动力流动对中国城镇居民收入的影响——基于市场化进程中城乡劳动力分工视角的研究［J］. 管理世界，2011（3）：58-65.

［161］盛来运. 国外劳动力迁移理论的发展［J］. 统计研

究，2005（8）：72-73.

［162］盛来运. 农村劳动力流动的经济影响和效果［J］. 统计研究，2007（10）：15-19.

［163］司林杰. 中国城市群内部竞合行为分析与机制设计研究［D］. 成都：西南财经大学，2014.

［164］宋晓梧. 我国收入分配体制研究［M］. 北京：中国劳动社会保障出版社，2005（12）：195-210.

［165］苏小，金彦平. 中国城镇化发展历程及变革研究［J］. 农村经济，2013（10）：99-102.

［166］苏雪串. 城市化与城乡收入差距［J］. 中央财经大学学报，2002（3）：42-45.

［167］孙臣华. 城镇化进程中的城乡收入差距演变及其对经济增长的门限效应［D］. 济南：山东大学，2012.

［168］孙业亮. 中国城市化进程中城镇居民收入差距问题研究［D］. 天津：南开大学，2013.

［169］唐东波，张军. 中国的经济增长、城市化与收入分配的 Kuzents 进程：理论与经验［J］. 世界经济文汇，2011（5）：15-34

［170］唐平. 农村居民收入差距的变动及影响因素分析［J］. 管理世界，2006（5）：65-76.

［171］田双全，黄应绘. 从城乡居民收入差距看西部大开发的实施效果［J］. 经济问题探索，2010（9）：20-25.

［172］田卫民. 测算中国国民收入分配格局：1978—2006［J］. 财贸研究，2010（1）：8-16.

［173］田卫民. 省域居民收入基尼系数测算及其变动趋势分析［J］. 经济科学，2012（2）：48-59.

［174］田新民，王少国，杨永恒. 城乡收入差距变动及其对经济效率的影响［J］. 经济研究，2009（7）：107-118.

[175] 万广华，陆铭，陈钊. 全球化与地区间收入差距：来自中国的证据［J］. 中国社会科学，2005（3）：17-38.

[176] 万广华. 不平等的度量与分解［J］. 经济学季刊，2008（1）：347-368.

[177] 万广华. 解释中国农村区域间的收入不平等：一种基于回归方程的分解方法［J］. 经济研究，2004（8）：117-127.

[178] 万广华. 经济发展与收入不平等：方法和证据［M］. 上海：上海人民出版社，2006.

[179] 万广华. 收入差距的地区分解［J］. 世界经济文汇，2006（3）：1-18.

[180] 王春超，荆琛. 中国城市化进程中农民对经济产出的贡献与收益分享［J］. 经济社会体制比较，2012（3）：144-153.

[181] 王春光. 农村流动人口的"半城市化"问题研究［J］. 社会学研究，2006（5）：107-123.

[182] 王检贵. 倒 U 现象是不是一条经济法则？——对罗宾逊经典结论的质疑［J］. 经济研究，2000（7）：63-67.

[183] 王美艳. 城市劳动力市场上的就业机会与工资差异——外来老动力就业与报酬研究［J］. 中国社会科学，2005（5）：36-46.

[184] 王敏. 中国城乡居民收入差距对消费需求影响研究［D］. 沈阳：辽宁大学，2011.

[185] 王培刚，周长城. 当前中国居民收入差距扩大的实证分析与动态研究——基于多元线性回归模型的阐释［J］. 管理世界，2005（11）：34-44.

[186] 王韧，王睿. 二元条件下居民收入差距的变动与收敛对我国"倒 U"假说的存在性检验［J］. 数量经济技术经济

研究，2004（3）：104-111.

［187］王韧. 中国居民收入差距的变动趋势——基于双二元动态框架的实证［J］. 财经研究，2006（8）：4-16.

［188］王小鲁，樊纲. 中国地区差距的变动趋势和影响因素［J］. 经济研究，2004（1）：33-44.

［189］王小鲁，樊纲. 中国收入差距的走势和影响因素分析［J］. 经济研究，2005（10）：24-36.

［190］王修达，王鹏翔. 国内外关于城镇化水平的衡量标准［J］. 北京农业职业学院学报，2012（1）：43-50.

［191］王亚芬，肖晓飞，高铁梅. 我国城镇居民收入分配差距的实证研究［J］. 财经问题研究，2007（6）：65-71.

［192］王永綦. 二元金融结构、市场化进程与城乡收入差距［D］. 重庆：西南大学，2013.

［193］韦伟，傅勇. 城乡收入差距与人口流动模型［J］. 中国人民大学学报，2004（6）：16-22.

［194］魏下海，余玲铮. 我国城镇正规就业与非正规就业工资差异的实证研究——基于分位数回归与分解的发现［J］. 数量经济技术经济研究，2012（1）：78-90.

［195］巫锡炜. 中国城镇家庭户收入和财产不平等：1995—2002［J］. 人口研究，2011（6）：13-26.

［196］吴浩锋. 城镇化、对外开放对城乡收入差距的影响［D］. 昆明：云南财经大学，2014.

［197］吴先华. 城镇化、市民化与城乡收入差距关系的实证研究［J］. 地理科学，2011（1）：68-73.

［198］吴小渝. 西部城镇化的问题及对策研究［J］. 对策研究，2003：（4）：26-27.

［199］吴要武，蔡昉. 中国城镇非正规就业：规模与特征［J］. 中国劳动经济学，2006，3（2）：67-84.

[200] 夏庆杰，李实，宋丽娜. 国有单位工资结构及其就业规模变化的收入分配效应：1988—2007 [J]. 经济研究，2012 (6)：127-142.

[201] 邢春冰，李实. 中国城镇地区的组内工资差距：1995—2007 [J]. 经济学季刊，2010 (10)：312-340.

[202] 邢春冰. 不同所有制企业的工资决定机制考察 [J]. 经济研究，2005 (6)：16-26.

[203] 邢春冰. 经济转型与不同所有制部门的工资决定——从“下岗”到“下海”[J]. 管理世界，2007 (6)：23-37.

[204] 邢春冰. 迁移、自选择与收入分配——来自中国城乡的证据 [J]. 经济学季刊，2010 (1)：633-660.

[205] 邢春冰. 中国不同所有制部门的工资决定与教育回报：分位回归的证据 [J]. 世界经济文汇，2006 (4)：1-26.

[206] 徐舒. 技术进步、教育收益与收入不平等 [J]. 经济研究，2010 (9)：79-92.

[207] 许冰，章上峰. 经济增长与收入分配不平等的倒U型多拐点测度研究 [J]. 数量经济技术经济研究，2010 (2)：54-64.

[208] 许秀川. 我国城乡居民收入差距及主要影响因素的实证分析 [D]. 重庆：西南大学，2005.

[209] 许召元，李善同. 区域间劳动力迁移对经济增长和地区差距的影响 [J]. 数量经济技术经济研究，2008 (2)：38-52.

[210] 许召元，李善同. 区域劳动力迁移对地区差距的影响 [J]. 经济学季刊，2008 (10)：53-76.

[211] 薛进军，高文书. 中国城镇非正规就业：规模：特征和收入差距 [J]. 经济社会体制比较，2012 (6)：59-69.

[212] 严于龙，李小云. 农民工对经济增长贡献及成果分享的定量测量 [J]. 统计研究，2007 (1)：22-26.

[213] 晏艳阳，宋美结. 结构性失业、周期性失业对中国城镇居民收入差距的影响 [J]. 经济与管理研究，2011 (12)：13-22.

[214] 羊勇. 我国城镇化进程中的城镇居民收入差距动态研究 [D]. 成都：西南财经大学，2014.

[215] 杨红云. 90 年来中国共产党收入分配政策演进的基本规律 [J]. 理论与改革，2011 (11)：71-75.

[216] 杨娟，Sylvie Danurger，李实. 中国城镇不同所有制企业职工收入差距的变化趋势 [J]. 经济学季刊，2011 (10)：289-308.

[217] 杨俊，黄潇，李晓羽. 教育不平等与收入分配差距：中国的实证分析 [J]. 管理世界，2008 (1)：38-47.

[218] 杨天宇. 城市化对我国城市居民收入差距的影响 [J]. 中国人民大学学报，2005 (4)：71-76.

[219] 杨晓龙. 中国城镇化发展与城乡居民收入差距关系研究 [D]. 济南：山东财经大学，2014.

[220] 杨云彦，陈金永. 转型劳动力市场的分层与竞争 [J]. 中国社会科学，2000 (5)：28-38.

[221] 尹恒，龚六堂，邹恒甫. 收入分配不平等与经济增长：回到库兹涅茨假说 [J]. 经济研究，2005 (4)：17-22.

[222] 约翰·梅纳德·凯恩斯. 就业、利息和货币通论（中译本）[M]. 海口：南海出版社，2010.

[223] 岳文海. 中国新型城镇化发展研究 [D]. 武汉：武汉大学，2013.

[224] 张坤. 我国城镇化、城乡收入差距与消费的关系 [J]. 北方经贸，2013 (8)：31-35.

[225] 张立军. 金融发展影响城乡收入差距的实证研究[D]. 上海：复旦大学，2007.

[226] 张启良，刘晓红，程敏. 我国城乡收入差距持续扩大的模型解释[J]. 统计研究，2010（12）：51-56.

[227] 张世伟，吕世斌，赵亮. 库兹涅茨倒U型假说：基于基尼系数的分析途径[J]. 经济评论，2007（4）：40-45.

[228] 张小平，王迎春. 转型期我国收入分配问题研究[M]. 北京：科学出版社，2008.

[229] 章元，刘时菁，刘亮. 城乡收入差距、民工失业与中国犯罪率的上升[J]. 经济研究，2011（2）：59-72.

[230] 赵常兴. 西部地区城镇化研究[D]. 杨凌：西北农林科技大学，2007.

[231] 赵人伟，格里芬. 中国居民收入分配研究[M]. 北京：中国社会科学出版社，1994.

[232] 赵人伟，李实，李思勤. 中国居民收入分配再研究[M]. 北京：中国财政经济出版社，1999.

[233] 赵人伟，李实. 中国居民收入差距的扩大及其原因[J]. 经济研究，1997（9）：19-28.

[234] 赵焘. 西部地区城镇化与城乡收入差距关系实证研究[J]. 统计与决策，2014（16）：132-135.

[235] 赵曦. 中国西部大开发战略前沿研究报告[M]. 成都：西南财经大学出版社，2010.

[236] 赵曦. 西南边疆少数民族地区反贫困与社会稳定对策研究[M]. 成都：西南财经大学出版社，2014.

[237] 赵曦. 中国西部农村反贫困模式研究[M]. 成都：西南财经大学出版社，2009.

[238] 赵耀辉，李实. 中国城镇职工实物收入下降的原因分析[J]. 经济学季刊，2002（1）：575-588.

［239］赵志敏. 我国新型城镇化道路的探索［D］. 济南：山东财经大学，2014.

［240］郑琳佩. 财政转移支付支出结构对城乡居民收入分配差距的影响研究［D］. 湘潭：湘潭大学，2013.

［241］钟小英. 我国城镇化与城乡收入差距的相关性研究［D］. 厦门：华侨大学，2014.

［242］钟笑寒. 劳动力流动与工资差异［J］. 中国社会科学，2006（1）：34-46.

［243］周留洋. 我国城乡收入差距问题研究［D］. 泰安：山东农业大学，2006.

［244］周云波，马草原. 城镇居民收入差距的“倒 U”拐点及其演变趋势［J］. 改革，2010（5）：28-35.

［245］周云波. 城市化、城乡差距以及全国居民总体收入差距的变动［J］. 经济学季刊，2009（8）：1240-1260.

［246］周云波. 我国收入差距变化何时迎来倒 U 轨迹的拐点［J］. 经济纵横，2010（4）：43-46.

［247］朱镜德. 收人差别特征：由城乡两极分化向城市两极分化转变的理论与对策［J］. 广东社会科学，2003（6）：150-156.

［248］朱镜德. 中国三元劳动力市场格局下的两阶段乡城迁移理论［J］. 中国人口科学，1999（1）：7-12.

感谢国家社科基金《西南少数民族地区农村贫困家庭返贫抑制及可持续生计对策研究》（17CSH014）、广西高等学校高水平创新团队及卓越学者计划《中国（广西）-东盟跨境电子商务与区域发展创新团队》、广西财经学院青年教师科研发展基金《西部少数民族地区农村脱贫人口返贫抑制及可持续生计研究》（2019QNA02）、广西财经学院经济与贸易学院学科建设项目《中国西部城镇化与城乡收入差距的关系研究》（2019ZD07）的支持。